초등학생용
7급·7급Ⅱ공용

(사)한국어문회 주관 한국한자능력검정회 시행

KB208266

7급·7급Ⅱ공용   7급은 ①, ②과정 전 2권으로 구성되어 있습니다.

전국적으로 초, 중, 고 학생들에게 급수한자 열풍이 대단합니다.
2005년도 대학 수학 능력 시험부터 제2외국어 영역에 한문 과목이 추가되고, 한자 공인 급수 자격증에 대한 각종 특전이 부여됨에 따라 한자 교육에 가속도가 붙고 있습니다. 이러한 교육 환경에서 초등학생의 한자 학습에 대한 열풍은 자연스럽게 한자능력검정시험에까지 이어지고 있습니다.
이에 (주)기탄교육은 초등학생 전용 급수한자 학습지 《기탄급수한자 빨리따기》를 선보이게 되었습니다. 《기탄급수한자 빨리따기》는 초등학생의 수준에 알맞게 구성되어 더욱 쉽고 빠르게 원하는 급수를 취득할 수 있습니다. 이제 초등학생들의 한자능력검정시험 준비는 《기탄급수한자 빨리따기》로 시작하세요. 한자 학습의 목표를 정해 주어 학습 성취도가 높고, 공부하는 재미를 동시에 느낄 수 있습니다.

《기탄급수한자 빨리따기》 이런 점이 좋아요.
• 두꺼운 분량의 문제집이 아닌 각 급수별로 분권하여 학습 성취도가 높습니다.
• 출제 유형을 꼼꼼히 분석한 기출예상문제풀이로 시험 대비에 효과적입니다.
• 만화, 전래 동화, 수수께끼 등 다양한 학습법으로 지루하지 않게 공부합니다.

👆 한자능력검정시험이란?

● 사단법인 한국어문회에서 주관하고 한국한자능력검정회가 시행하는 한자 활용능력 시험을 말합니다. 1992년 12월 9일 1회 시험이 시행되었고, 2001년 1월 1일 이후로 국가 공인자격시험(특급~3급Ⅱ)으로 치러지고 있습니다.

👆 한자능력검정시험은 언제, 어떻게 치르나요?

● 한자능력검정시험은 공인급수(특급~3급Ⅱ)와 교육급수(4급~8급)로 나뉘어 실시합니다. 응시 자격은 연령, 성별, 학력 제한 없이 모든 급수에 응시할 수 있습니다. 기타 자세한 사항은 한국어문회 홈페이지(www.hanja.re.kr)를 참조하세요.

👆 한자능력검정시험의 급수는 어떻게 나누어지나요?

● 한자능력검정시험은 공인급수와 교육급수로 나누어져 있으며, 8급에서 특급까지 배정되어 있습니다.

한자능력검정시험 급수 배정

	급수	읽기	쓰기	수준 및 특성
공인급수	특급	5,978	3,500	국한혼용 고전을 불편 없이 읽고, 연구할 수 있는 수준 고급
	특급Ⅱ	4,918	2,355	국한혼용 고전을 불편 없이 읽고, 연구할 수 있는 수준 중급
	1급	3,500	2,005	국한혼용 고전을 불편 없이 읽고, 연구할 수 있는 수준 초급
	2급	2,355	1,817	상용한자를 활용하는 것은 물론 인명지명용 기초한자 활용 단계
	3급	1,817	1,000	고급 상용한자 활용의 중급 단계
	3급Ⅱ	1,500	750	고급 상용한자 활용의 초급 단계
교육급수	4급	1,000	500	중급 상용한자 활용의 고급 단계
	4급Ⅱ	750	400	중급 상용한자 활용의 중급 단계
	5급	500	300	중급 상용한자 활용의 초급 단계
	5급Ⅱ	400	225	중급 상용한자 활용의 초급 단계
	6급	300	150	기초 상용한자 활용의 고급 단계
	6급Ⅱ	225	50	기초 상용한자 활용의 중급 단계
	7급	150	0	기초 상용한자 활용의 초급 단계
	7급Ⅱ	100	0	기초 상용한자 활용의 초급 단계
	8급	50	0	한자 학습 동기 부여를 위한 급수

한자능력검정시험에는 어떤 문제가 나오나요?

● 급수별로 자세한 내용은 다음과 같습니다.

한자능력검정시험 급수별 출제 기준

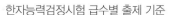

구분	공인급수						교육급수								
	특급	특급Ⅱ	1급	2급	3급	3급Ⅱ	4급	4급Ⅱ	5급	5급Ⅱ	6급	6급Ⅱ	7급	7급Ⅱ	8급
읽기배정한자	5,978	4,918	3,500	2,355	1,817	1,500	1,000	750	500	400	300	225	150	100	50
쓰기배정한자	3,500	2,355	2,005	1,817	1,000	750	500	400	300	225	150	50	0	0	0
독음	45	45	50	45	45	45	32	35	35	35	33	32	32	22	24
훈음	27	27	32	27	27	27	22	22	23	23	22	29	30	30	24
장단음	10	10	10	5	5	5	3	0	0	0	0	0	0	0	0
반의어	10	10	10	10	10	10	3	3	3	3	3	2	2	2	0
완성형	10	10	15	10	10	10	5	5	4	4	3	2	2	2	0
부수	10	10	10	5	5	5	3	3	0	0	0	0	0	0	0
동의어	10	10	10	5	5	5	3	3	3	3	2	0	0	0	0
동음이의어	10	10	10	5	5	5	3	3	3	3	2	0	0	0	0
뜻풀이	5	5	10	5	5	5	3	3	3	3	2	2	2	2	0
약자	3	3	3	3	3	3	3	3	3	3	0	0	0	0	0
한자 쓰기	40	40	40	30	30	30	20	20	20	20	20	10	0	0	0
필순	0	0	0	0	0	0	0	0	0	3	3	3	3	2	2
한문	20	20	0	0	0	0	0	0	0	0	0	0	0	0	0

※쓰기 배정 한자는 한두 급수 아래의 읽기 배정 한자이거나 그 범위 내에 있습니다.
※출제 기준표는 기본 지침 자료로서, 출제자의 의도에 따라 차이가 있을 수 있습니다.

한자능력검정시험 합격 기준

구분	공인급수					교육급수								
	특급·특급Ⅱ	1급	2급	3급	3급Ⅱ	4급	4급Ⅱ	5급	5급Ⅱ	6급	6급Ⅱ	7급	7급Ⅱ	8급
출제문항	200	200		150			100			90	80	70	60	50
합격문항	160	160		105			70			63	56	49	42	35
시험시간	100분	90분		60분				50분						

※특급·특급Ⅱ·1급은 출제 문항의 80% 이상, 2급~8급은 70% 이상 득점하면 합격입니다.

한자능력검정시험에 합격하면 어떤 좋은 점이 있나요?

● 특급~3급Ⅱ를 취득하면 국가 공인 자격증으로서 관련 국가자격을 규정하고 있는 법령에 의하여 국가자격 취득자와 동등한 대우 및 혜택이 주어집니다.
● 대학 입시 수시 모집 및 특기자 전형에 지원이 가능합니다.
● 대학 입시 면접에 가산점 부여 및 졸업 인증, 학점 반영 등 혜택이 주어집니다.
● 기업체의 입사, 승진 등 인사 고과에 반영됩니다.

구성과 특징

7급·7급Ⅱ 신출 한자 100자를 ①, ②과정으로 분권하여 구성하였습니다. 두꺼운 분량의 책으로 공부할 때보다 학습자의 성취감을 높여 줍니다.

자원
한자가 만들어지는 과정을 통해 한자를 기억하는데 도움을 줍니다.

그림
한자의 훈(뜻)에 해당하는 개념을 그림으로 표현하여 쉽게 이해하도록 합니다.

쓰기
한자 따라 쓰기, 훈음 쓰기 등의 과정을 통해 한자의 3요소를 완전 학습하도록 합니다.

부수 및 필순
한자의 기본이 되는 부수를 익히고, 한자를 바르게 쓸 수 있도록 필순을 제시하였습니다.

어휘
다른 자와 결합된 한자어를 학습하여 어휘력을 높이도록 하였습니다.

7급 빨리따기

월 일 확인

이름

孝
훈 효도 음 효

𡥀 → 𡥀 → 孝

자식(子)이 늙은(耂) 부모를 업고 가는 모습을 본뜬 글자로, **효도**를 뜻합니다.

子부수(총 7획)

孝 孝 孝 孝 孝 孝

🖊 필순에 따라 빈칸에 孝를 쓰고, 훈과 음을 쓰세요.

孝	孝	孝	孝	孝	孝	孝
효도 효	효도 효	효도 효	효도 효	효도 효	효도 효	효도 효

🖊 빈칸에 漢字(한자)의 음을 쓰고, 孝가 쓰인 낱말을 읽어 보세요.

· 孝子(　　) : 부모를 잘 섬기는 아들.　　　　　　　　(子 : 아들 자)

· 孝心(　　) : 효성스러운 마음.　　　　　　　　　　(心 : 마음 심)

8

도입

7급·7급Ⅱ 신출 한자 100자를
주제별로 분류하여 그림과 함께
소개합니다.

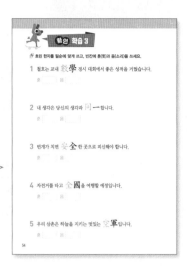

확인 학습

앞서 배운 한자를 문장 속에
적용하여 학습 효과를 높입니다.

기출 및 예상 문제

시험에 출제되었던 문제와 예상 문제를
통하여 실력을 다집니다.

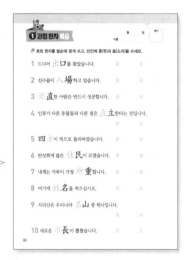

①과정 한자 복습

7급 ①과정 한자 50자를 문장 속에
적용하여 학습 효과를 높입니다.

부록

모양이 비슷한 한자, 유의어 등의 한자를
정리하여 한자 학습의 범위를 넓히고
실제 시험을 대비합니다.

모의 한자능력검정시험

실제 시험 출제 유형과 똑같은
모의 한자능력검정시험 3회를 통하여
실전 감각을 높일 수 있습니다.

답안지

실제 시험과 똑같은 모양의
답안 작성 연습으로 답안 작성 시
실수를 줄일 수 있습니다.

찾아보기

家(가) ②–10
②과정 10쪽

집·학교 익히기

한자능력검정시험

집·학교와 관련된 한자입니다.

 孝 효도 효

 道 길 도

 家 집 가

 事 일 사

 祖 할아비 조

 問 물을 문

 答 대답 답

 語 말씀 어

 文 글월 문

 漢 한수 한나라 한

孝

훈 **효도** 음 **효**

자식(子)이 늙은(耂) 부모를 업고 가는 모습을
본뜬 글자로, **효도**를 뜻합니다.

子부수(총 7획)

孝 孝 孝 孝 孝 孝 孝

📎 필순에 따라 빈칸에 孝를 쓰고, 훈과 음을 쓰세요.

孝	孝	孝	孝	孝	孝	孝
효도 효	효도 효	효도 효	효도 효	효도 효	효도 효	효도 효

📎 빈칸에 漢字(한자)의 음을 쓰고, 孝가 쓰인 낱말을 읽어 보세요.

• 孝子(☐☐) : 부모를 잘 섬기는 아들.   (子 : 아들 자)

• 孝心(☐☐) : 효성스러운 마음.   (心 : 마음 심)

월   일   확인

이름

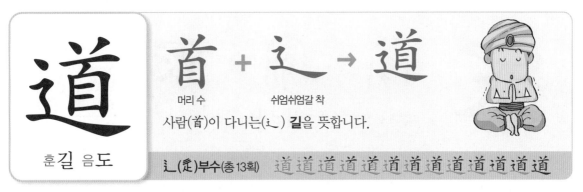

道

훈길 음도

首 + 辶 → 道

머리 수   쉬엄쉬엄갈 착

사람(首)이 다니는(辶) 길을 뜻합니다.

辶(辵)부수(총13획) 道道道道道道道道道道道道道

✏️ 필순에 따라 빈칸에 道를 쓰고, 훈과 음을 쓰세요.

道	道	道	道	道	道
길 도	길도	길도	길도	길도	길도

✏️ 빈칸에 漢字(한자)의 음을 쓰고, 道가 쓰인 낱말을 읽어 보세요.

·孝道(☐☐) : 부모를 잘 섬기는 도리.   (孝 : 효도 효)

·道場(☐☐) : 무예를 닦는 곳.   (場 : 마당 장)

9

家

훈집 음가

집(宀) 안에서 돼지(豕)를 길렀다는 데서 **집**을 뜻합니다.

宀부수(총 10획)

家家家家家家家家家家

📏 필순에 따라 빈칸에 **家**를 쓰고, 훈과 음을 쓰세요.

家	家	家	家	家	家	家
집가	집가	집가	집가	집가	집가	집가

📏 빈칸에 漢字(한자)의 음을 쓰고, **家**가 쓰인 낱말을 읽어 보세요.

· 家事(☐☐) : 살림살이에 관한 일.   (事 : 일 사)

· 家長(☐☐) : 한 가정을 이끌어 나가는 사람.   (長 : 긴 장)

월   일   확인

이름

事

훈 일 음 사

J부수(총 8획)

붓을 잡고 기록하는 일을 맡고 있다는 데서 **일**을 뜻합니다.

事 事 事 事 事 事 事 事

📝 필순에 따라 빈칸에 事를 쓰고, 훈과 음을 쓰세요.

事	事	事	事	事	事	事
일 사	일 사	일 사	일 사	일 사	일 사	일 사

📝 빈칸에 漢字(한자)의 음을 쓰고, 事가 쓰인 낱말을 읽어 보세요.

· 事物(☐☐) : 일과 물건.   (物 : 물건 물)

· 人事(☐☐) : 마주 대하거나 헤어질 때에 예를 표함.   (人 : 사람 인)

11

월   일   확인

이름

祖

훈 **할아비** 음 **조**

示 + 且 = 祖
보일 시   또 차

제물(且)을 바쳐 제사 지내는(示) 대상인
조상, 할아버지를 뜻합니다.

示부수(총 10획)

祖 祖 祖 祖 祖 祖 祖 祖 祖 祖

📝 필순에 따라 빈칸에 祖를 쓰고, 훈과 음을 쓰세요.

祖	祖	祖	祖	祖	祖	祖
할아비 조	할아비 조	할아비 조	할아비 조	할아비 조	할아비 조	할아비 조

📝 빈칸에 漢字(한자)의 음을 쓰고, 祖가 쓰인 낱말을 읽어 보세요.

· 祖父(⬜⬜) : 할아버지.   (父 : 아비 부)

· 祖上(⬜⬜) : 돌아간 어버이 위로 대대의 어른.   (上 : 윗 상)

問

훈 **물을** 음 **문**

問 + 口 = 問

문문   입구

문(門)에 들어설 때 입(口)으로 안부를 묻는다는
데서 **묻다**를 뜻합니다.

口부수(총 11획)   問 問 問 問 問 問 問 問 問 問 問

✏️ 필순에 따라 빈칸에 問을 쓰고, 훈과 음을 쓰세요.

問	問	問	問	問	問	問
물을 문	물을 문	물을 문	물을 문	물을 문	물을 문	물을 문

✏️ 빈칸에 漢字(한자)의 음을 쓰고, 問이 쓰인 낱말을 읽어 보세요.

· 問答(☐☐) : 물음과 대답.   (答 : 대답 답)

· 問安(☐☐) : 웃어른께 안부를 여쭘.   (安 : 편안 안)

問의 상대 반의어 – 答(대답 답)

월   일   확인

이름

答

훈 대답 음 답

竹 + 合 = 答

대죽   합할합

옛날에 대쪽(竹)에 편지를 써 보내면 내용에 합당
하게(合) 답장한다는 데서 **대답하다**를 뜻합니다.

竹부수(총 12획)

答 答 答 答 答 答 答 答 答 答 答 答

🖊 필순에 따라 빈칸에 答을 쓰고, 훈과 음을 쓰세요.

答	答	答	答	答	答	答
대답 답	대답 답	대답 답	대답 답	대답 답	대답 답	대답 답

🖊 빈칸에 漢字(한자)의 음을 쓰고, 答이 쓰인 낱말을 읽어 보세요.

· 答紙(　　) : 답안지. 문제의 해답을 쓰는 종이.　　　　　(紙 : 종이 지)

· 名答(　　) : 질문의 의도에 꼭 맞게 잘한 대답.　　　　　(名 : 이름 명)

答의 상대 반의어 – 問(물을 문)

14

語

훈 **말씀** 음 **어**

言 + 吾 = 語

말씀 언   나오

사람들이 서로 자기(吾)의 생각을 말한다(言)는 데서 **말씀**을 뜻합니다.

국어 4-1

言부수(총 14획) 語語語語語語語語語語語語語語

🖋 필순에 따라 빈칸에 語를 쓰고, 훈과 음을 쓰세요.

語	語	語	語	語	語	語
말씀 어	말씀 어	말씀 어	말씀 어	말씀 어	말씀 어	말씀 어

🖋 빈칸에 漢字(한자)의 음을 쓰고, 語가 쓰인 낱말을 읽어 보세요.

・國語(　　) : 한 나라의 국민이 쓰는 말.   (國 : 나라 국)

・語學(　　) : 어떤 나라의 언어, 특히 문법을 연구하는 학문.   (學 : 배울 학)

훈 **글월** 음 **문**

文부수(총 4획)

사람 몸에 먹물이나 물감으로 그린 무늬를 나타
내다가 후에 **글월**을 뜻하게 된 한자입니다.

文 文 文 文

✏ 필순에 따라 빈칸에 文을 쓰고, 훈과 음을 쓰세요.

文	文	文	文	文	文	文
글월 문	글월 문	글월 문	글월 문	글월 문	글월 문	글월 문

✏ 빈칸에 漢字(한자)의 음을 쓰고, 文이 쓰인 낱말을 읽어 보세요.

· 文人(☐☐) : 문필에 종사하는 사람.   (人 : 사람 인)

· 文學(☐☐) : 사상이나 감정을 언어로 표현한 예술.   (學 : 배울 학)

월   일   확인

이름

훈 한수/한나라 음 한

氵 + 菫 = 漢

물 수   진흙 근

진흙(菫)이 많은 물(氵)이라는 데서 장강 상류인
한수를 뜻합니다.

氵(水)부수(총 14획)   漢漢漢漢漢漢漢漢漢漢漢漢漢漢

🖋 필순에 따라 빈칸에 漢을 쓰고, 훈과 음을 쓰세요.

漢	漢	漢	漢	漢	漢	漢
한수 한	한수 한	한수 한	한수 한	한수 한	한수 한	한수 한

🖋 빈칸에 漢字(한자)의 음을 쓰고, 漢이 쓰인 낱말을 읽어 보세요.

· 漢文(☐☐) : 한자만으로 쓰인 문장이나 문학.   (文 : 글월 문)

· 漢字(☐☐) : 중국에서 만들어 오늘날에도 쓰고 있는 문자.   (字 : 글자 자)

🖊 흐린 한자를 필순에 맞게 쓰고, 빈칸에 훈(뜻)과 음(소리)을 쓰세요.

1 그는 孝心 깊은 사람입니다.

훈 [   ]   음 [   ]

2 나는 부모님께 孝道하는 착한 딸이 되겠습니다.

훈 [   ]   음 [   ]

3 어머니는 家事를 열심히 돌보십니다.

훈 [   ]   음 [   ]

4 事物에는 각각의 이름이 있습니다.

훈 [   ]   음 [   ]

5 우리 집은 祖上 대대로 이 동네에서 살았습니다.

훈 [   ]   음 [   ]

6 아버지는 아침마다 할머니께  인사를 드립니다.

훈 [   ] 음 [   ]

7  을 맞히는 사람에게 상품을 주겠습니다.

훈 [   ] 음 [   ]

8 우리 큰형은  선생님입니다.

훈 [   ] 음 [   ]

9 文學 작품은 우리에게 큰 감동을 줍니다.

훈 [   ] 음 [   ]

10 漢江 시민 공원은 서울 시민에게 안식처 같은 곳입니다.

훈 [   ] 음 [   ]

1 다음 밑줄 친 漢字語(한자어)의 音(음 : 소리)을 쓰세요.

보기

漢字 ➡ 한자

(1) 호랑이가 孝子의 정성에 감복했습니다. (   )

(2) 그는 文學에 대한 열정을 가졌습니다. (   )

(3) 방학 동안에 서당에서 漢文을 배웠습니다. (   )

(4) 친구와 정답게 人事합니다. (   )

(5) 도복을 입고 道場으로 향했습니다. (   )

(6) 그는 家長으로서 가족에 충실했습니다. (   )

(7) 答紙에 정답을 적으세요. (   )

(8) 그는 外國語를 자유자재로 구사합니다. (   )

(9) 아침에 일어나 부모님께 問安 인사를 드렸습니다.
(   )

(10) 명절이면 祖上의 산소를 찾아가 성묘합니다. (   )

2 다음 漢字(한자)의 訓(훈 : 뜻)과 音(음 : 소리)을 쓰세요.

> 보기
>
> 字 ➡ 글자 자

(1) 家 (   )   (2) 問 (   )

(3) 語 (   )   (4) 事 (   )

(5) 孝 (   )   (6) 文 (   )

(7) 漢 (   )   (8) 道 (   )

(9) 祖 (   )   (10) 答 (   )

3 다음 밑줄 친 단어의 漢字語(한자어)를 보기 에서 골라 그 번호를 쓰세요.

> 보기
>
> ① 正答   ② 祖國   ③ 先祖   ④ 國語

(1) 이 책은 이십여 개 국어로 번역되었습니다.   (   )

(2) 그들은 조국 통일을 위해 노력했습니다.   (   )

(3) 정답을 맞혔습니다.   (   )

(4) 문화 유적 답사를 통해 선조의 지혜와 슬기를 체험했습니다.

                                                                    (   )

4 다음 訓(훈 : 뜻)과 音(음 : 소리)에 맞는 漢字(한자)를 보기 에서 골라 그 번호를 쓰세요.

보기
① 答   ② 事   ③ 問   ④ 語   ⑤ 家
⑥ 漢   ⑦ 文   ⑧ 道   ⑨ 孝   ⑩ 祖

(1) 효도 효   (   )   (2) 대답 답   (   )

(3) 집 가   (   )   (4) 일 사   (   )

(5) 글월 문   (   )   (6) 말씀 어   (   )

(7) 할아비 조   (   )   (8) 길 도   (   )

(9) 물을 문   (   )   ⑽ 한수/한나라 한
(   )

5 다음 밑줄 친 구절의 뜻에 가장 가까운 漢字語(한자어)를 보기 에서 골라 그 번호를 쓰세요.

보기
① 家事   ② 祖父母   ③ 家門   ④ 母女

(1) 어머니는 집안일을 돌보느라 열심입니다.   (   )

(2) 시골에 할아버지와 할머니가 살고 계십니다.   (   )

6 다음 漢字(한자)의 상대 또는 반대되는 漢字(한자)를 보기 에서 골라 그 번호를 쓰세요.

> 보기
>
> ① 女   ② 自   ③ 答   ④ 林

(1) 問 ↔ (   )   (2) 男 ↔ (   )

7 다음 漢字語(한자어)의 뜻을 쓰세요.

(1) 孝心   (   )

(2) 祖父   (   )

8 다음 漢字(한자)의 진하게 표시한 획은 몇 번째 쓰는지 보기 에서 찾아 그 번호를 쓰세요.

> 보기
>
> ① 첫 번째   ② 두 번째   ③ 세 번째   ④ 네 번째
> ⑤ 다섯 번째   ⑥ 여섯 번째   ⑦ 일곱 번째   ⑧ 여덟 번째
> ⑨ 아홉 번째   ⑩ 열 번째

(1) 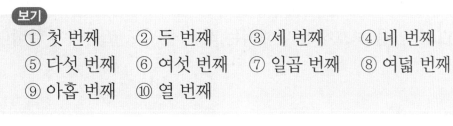 (   )   (2)  (   )

✏️ 흐린 한자를 필순에 맞게 쓰고, 빈칸에 훈(뜻)과 음(소리)을 쓰세요.

1 눈이 온 天地를 뒤덮었습니다.   훈 ☐   음 ☐

2 우리나라 地名 중에는 고유한 우리말로 된 곳이 많습니다.

훈 ☐   음 ☐

3 문이 自動으로 열렸습니다.   훈 ☐   음 ☐

4 自然 보호를 위해 힘써야 합니다.   훈 ☐   음 ☐

5 마을 앞에 大川이 흐릅니다.   훈 ☐   음 ☐

6 漢江에 유람선이 떠다닙니다.   훈 ☐   음 ☐

7 우리나라 海軍은 막강합니다.   훈 ☐   음 ☐

8 山林을 보호하기 위해서는 작은 불씨도 조심해야 합니다.

훈 ☐   음 ☐

9 정원에 많은 花草가 피었습니다.   훈 ☐   음 ☐

10 안동에는 草家가 많이 있습니다.   훈 ☐   음 ☐

한자능력검정시험

학교·수 익히기

학교·수와 관련된 한자입니다.

	字 글자 자		工 장인 공
	夫 지아비 부		話 말씀 화
	育 기를 육		記 기록할 기
	登 오를 등		百 일백 백
	千 일천 천		算 셈 산

字

宀 + 子 = 字

집 면   아들 자

집(宀)에서 자식(子)을 길러 자식이 불어나듯
글자도 많아진다는 데서 **글자**를 뜻합니다.

나는 每日
Swim 한다.

훈 글자 음 자

子부수(총 6획)

字 字 字 字 字 字

🖊 필순에 따라 빈칸에 字를 쓰고, 훈과 음을 쓰세요.

字	字	字	字	字	字	字
글자 자	글자 자	글자 자	글자 자	글자 자	글자 자	글자 자

🖊 빈칸에 漢字(한자)의 음을 쓰고, 字가 쓰인 낱말을 읽어 보세요.

· 文字(☐ ☐) : 인간의 의사소통을 위한 시각적인 기호 체계.   (文 : 글월 문)

· 正字(☐ ☐) : 서체가 바르고 또박또박 쓴 글자.   (正 : 바를 정)

월　　　일　　확인

이름

工

훈 장인 음 공

그 → 工 → 工

연장의 모양을 본뜬 글자로, 연장을 이용하여 일하는 사람인 **장인**을 뜻합니다.

工부수(총 3획)

工 工 工

🖊 필순에 따라 빈칸에 工을 쓰고, 훈과 음을 쓰세요.

工	工	工	工	工	工	工
장인 공	장인 공	장인 공	장인 공	장인 공	장인 공	장인 공

🖊 빈칸에 漢字(한자)의 음을 쓰고, 工이 쓰인 낱말을 읽어 보세요.

· 工場(　　　) : 물건을 만들어 내는 설비를 갖춘 곳.　　　　(場 : 마당 장)

· 人工(　　　) : 사람의 힘으로 가공하거나 작용을 하는 일.　　　(人 : 사람 인)

월 일 확인

이름

夫

훈 지아비 음 부

사람(大)이 머리에 비녀(一)를 꽂고 있는 모습을 본뜬 글자로, **지아비**를 뜻합니다.

大부수(총 4획)

夫 夫 夫 夫

✏️ 필순에 따라 빈칸에 夫를 쓰고, 훈과 음을 쓰세요.

夫	夫	夫	夫	夫	夫	夫
지아비 부	지아비 부	지아비 부	지아비 부	지아비 부	지아비 부	지아비 부

✏️ 빈칸에 漢字(한자)의 음을 쓰고, 夫가 쓰인 낱말을 읽어 보세요.

· 夫人(☐ ☐) : 남의 아내를 높여 이르는 말. (人 : 사람 인)

· 工夫(☐ ☐) : 학문이나 기술을 배우고 익힘. (工 : 장인 공)

話
훈 말씀 음 화

言 + 舌 = 話
말씀 언   혀 설

혀(舌)를 움직여 입소리(言)를 낸다는 데서
말씀을 뜻합니다.

言부수(총 13획)   話話話話話話話話話話話話話

✏️ 필순에 따라 빈칸에 話를 쓰고, 훈과 음을 쓰세요.

話	話	話	話	話	話	話
말씀 화	말씀 화	말씀 화	말씀 화	말씀 화	말씀 화	말씀 화

✏️ 빈칸에 漢字(한자)의 음을 쓰고, 話가 쓰인 낱말을 읽어 보세요.

・手話(　　) : 몸짓이나 손짓으로 표현하는 의사 전달 방법.   (手 : 손 수)

・電話(　　) : 전화기를 이용하여 말을 주고받음.   (電 : 번개 전)

월   일

이름

확인

育

훈 기를 음 육

育 → 育 → 育

엄마 몸에서 나온 갓난아이를 보살펴 키운다는 데서 **기르다**를 뜻합니다.

肉부수(총 8획)

育 育 育 育 育 育 育 育

✏️ 필순에 따라 빈칸에 育을 쓰고, 훈과 음을 쓰세요.

育	育	育	育	育	育	育
기를 육	기를 육	기를 육	기를 육	기를 육	기를 육	기를 육

✏️ 빈칸에 漢字(한자)의 음을 쓰고, 育이 쓰인 낱말을 읽어 보세요.

· 教育(☐ ☐) : 지식과 기술 따위를 가르치며 인격을 길러 줌.　　(教 : 가르칠 교)

· 生育(☐ ☐) : 낳아서 기름.　　(生 : 날 생)

월   일   확인

이름

記
훈 기록할 음 기

言 + 己 = 記
말씀 언   몸 기

말(言)하려는 것을 새끼줄에 매듭짓듯(己)
문자로 **기록한다**는 것을 뜻합니다.

言부수(총 10획)   記記記記記記記記記記

📎 필순에 따라 빈칸에 記를 쓰고, 훈과 음을 쓰세요.

記	記	記	記	記	記	記
기록할 기	기록할 기	기록할 기	기록할 기	기록할 기	기록할 기	기록할 기

📎 빈칸에 漢字(한자)의 음을 쓰고, 記가 쓰인 낱말을 읽어 보세요.

· 記事(☐☐) : 신문이나 잡지 따위에서, 어떠한 사실을 알리는 글.   (事 : 일 사)

· 日記(☐☐) : 날마다 겪은 일이나 생각, 느낌 따위를 적는 개인의 기록. (日 : 날 일)

登
훈 오를 음 등

癶 + 豆 = 登

등질 발   콩(제기) 두

두 손으로 제기(표)를 받들어 제단 위로 걸어(癶) 올라간다는 데서 **오르다**를 뜻합니다.

癶 부수(총 12획) 登登登登癶登登登登登登登

📏 필순에 따라 빈칸에 登을 쓰고, 훈과 음을 쓰세요.

登	登	登	登	登	登	登
오를등	오를등	오를등	오를등	오를등	오를등	오를등

📏 빈칸에 漢字(한자)의 음을 쓰고, 登이 쓰인 낱말을 읽어 보세요.

· 登山(☐☐) : 산에 오름.   (山 : 메 산)

· 登校(☐☐) : 학교에 감.   (校 : 학교 교)

월   일   확인

이름

百
훈 일백 음 백

一 + 白 = 百
한일   흰백

白(흰 백) 위에 가로선(一)을 그어서 **일백**을 뜻합니다.

白부수(총 6획)

百 百 百 百 百 百

📝 필순에 따라 빈칸에 百을 쓰고, 훈과 음을 쓰세요.

百	百	百	百	百	百	百
일백 백	일백 백	일백 백	일백 백	일백 백	일백 백	일백 백

📝 빈칸에 漢字(한자)의 음을 쓰고, 百이 쓰인 낱말을 읽어 보세요.

· 百姓(☐☐) : 나라의 근본을 이루는 일반 국민.   (姓 : 성 성)

· 百萬(☐☐) : 만의 백 배가 되는 수.   (萬 : 일만 만)

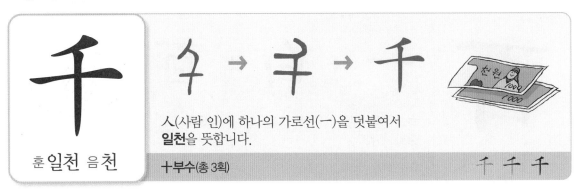

千

훈 **일천** 음 **천**

사(사람 인)에 하나의 가로선(一)을 덧붙여서
일천을 뜻합니다.

十부수(총 3획)

千 千 千

✏️ 필순에 따라 빈칸에 **千**을 쓰고, 훈과 음을 쓰세요.

千	千	千	千	千	千	千
일천 천	일천 천	일천 천	일천 천	일천 천	일천 천	일천 천

✏️ 빈칸에 漢字(한자)의 음을 쓰고, **千**이 쓰인 낱말을 읽어 보세요.

· **千金**(☐☐) : 많은 돈이나 비싼 값을 비유적으로 이르는 말.   (金 : 쇠 금/성 김)

· **千年**(☐☐) : 오랜 세월.   (年 : 해 년)

월   일   확인

이름

算

훈 셈 음 산

竹 + 具 = 算

대 죽   갖출 구

대나무(竹)로 만든 산가지를 갖추어(具) 들고
수를 셈한다는 데서 **셈하다**를 뜻합니다.

竹부수(총 14획)   算算算算算算算算算算算算算算

🖊️ 필순에 따라 빈칸에 算을 쓰고, 훈과 음을 쓰세요.

算	算	算	算	算	算	算
셈산	셈산	셈산	셈산	셈산	셈산	셈산

🖊️ 빈칸에 漢字(한자)의 음을 쓰고, 算이 쓰인 낱말을 읽어 보세요.

· 算出 (☐☐) : 계산하여 냄.   (出 : 날 출)

· 算數 (☐☐) : 수의 성질, 셈의 기초 따위를 가르치는 학과목.   (數 : 셈 수)

🔍 흐린 한자를 필순에 맞게 쓰고, 빈칸에 훈(뜻)과 음(소리)을 쓰세요.

1 한글은 뛰어난 文字입니다.

훈 [　　　]　음 [　　　]

2 工場의 생산 시설이 자동화되었습니다.

훈 [　　　]　음 [　　　]

3 工夫를 열심히 하는 것이 너의 발전에 도움이 될 거야.

훈 [　　　]　음 [　　　]

4 우리는 電話를 통해 멀리 있는 친구와도 얘기할 수 있습니다.

훈 [　　　]　음 [　　　]

5 요즘은 온라인을 통한 教育이 가능해졌습니다.

훈 [　　　]　음 [　　　]

6 우리 학교에 대한 가 신문에 실렸습니다.

훈 [   ]   음 [   ]

7 나는 일요일에 가족과 함께 을 했습니다.

훈 [   ]   음 [   ]

8 옛날 옛적에 을 무척 사랑하는 임금님이 있었습니다.

훈 [   ]   음 [   ]

9  고도 경주로 여행을 갔습니다.

훈 [   ]   음 [   ]

10 算數 시간에 곱셈을 배웠습니다.

훈 [   ]   음 [   ]

1 다음 밑줄 친 漢字語(한자어)의 音(음 : 소리)을 쓰세요.

보기

漢字 ➡ 한자

(1) 신문에 우리 학교 記事가 실렸습니다. ( )

(2) 百姓은 나라의 근본입니다. ( )

(3) 千年의 고도 경주를 둘러보았습니다. ( )

(4) 그는 手話로 의사를 표현했습니다. ( )

(5) 가정 敎育의 중요성이 날로 높아지고 있습니다.

( )

(6) 많은 제품이 工場에서 만들어집니다. ( )

(7) 버스를 타고 登校합니다. ( )

(8) 이력서에 正字로 작성하시오. ( )

(9) 언니의 남편을 兄夫라 합니다. ( )

(10) 그는 算數에 능해 복잡한 계산도 금방 해냅니다.

( )

2 다음 漢字(한자)의 訓(훈 : 뜻)과 音(음 : 소리)을 쓰세요.

> 보기
>
> 字 ➡ 글자 자

(1) 記 (   )   (2) 話 (   )

(3) 工 (   )   (4) 育 (   )

(5) 登 (   )   (6) 算 (   )

(7) 百 (   )   (8) 千 (   )

(9) 夫 (   )   (10) 字 (   )

3 다음 밑줄 친 단어의 漢字語(한자어)를 보기 에서 골라 그 번호를 쓰세요.

> 보기
>
> ① 工事   ② 工夫   ③ 人工   ④ 日記

(1) 학생들이 영어를 공부합니다.   (   )

(2) 공사 중에 통행에 불편을 드려 죄송합니다.   (   )

(3) 날마다 일기를 씁니다.   (   )

(4) 이곳이 우리나라 최대의 인공 호수입니다.   (   )

4 다음 訓(훈 : 뜻)과 音(음 : 소리)에 맞는 漢字(한자)를 보기 에서 골라 그 번호를 쓰세요.

보기

① 字   ② 夫   ③ 工   ④ 千   ⑤ 算
⑥ 育   ⑦ 話   ⑧ 登   ⑨ 百   ⑩ 記

(1) 장인 공   (   )   (2) 기록할 기   (   )

(3) 기를 육   (   )   (4) 일천 천   (   )

(5) 일백 백   (   )   (6) 글자 자   (   )

(7) 지아비 부   (   )   (8) 셈 산   (   )

(9) 오를 등   (   )   (10) 말씀 화   (   )

5 다음 밑줄 친 구절의 뜻에 가장 가까운 漢字語(한자어)를 보기 에서 골라 그 번호를 쓰세요.

보기

① 登山   ② 生育   ③ 教育   ④ 工夫

(1) 산에 오르는 일이 처음에는 어려웠으나 차츰 쉬워졌습니다.

(   )

(2) 부모님은 자식을 낳아서 기르는 데 많이 노력하십니다.

(   )

6 다음 漢字(한자)의 상대 또는 반대되는 漢字(한자)를 보기 에서 골라 그 번호를 쓰세요.

> 보기
>
> ① 夫   ② 小   ③ 工   ④ 母

(1) 大 ↔ (   )   (2) 父 ↔ (   )

7 다음 漢字語(한자어)의 뜻을 쓰세요.

(1) 登校   (   )

(2) 算出   (   )

8 다음 漢字(한자)의 진하게 표시한 획은 몇 번째 쓰는지 보기 에서 찾아 그 번호를 쓰세요.

> 보기
>
> ① 첫 번째   ② 두 번째   ③ 세 번째   ④ 네 번째
> ⑤ 다섯 번째 ⑥ 여섯 번째 ⑦ 일곱 번째 ⑧ 여덟 번째
> ⑨ 아홉 번째 ⑩ 열 번째

(1) 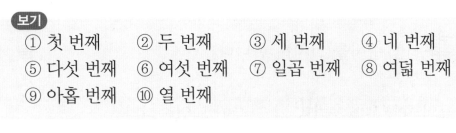 (   )   (2)  (   )

1 과정 한자 복습

월   일   확인

이름

✏️ 흐린 한자를 필순에 맞게 쓰고, 빈칸에 훈(뜻)과 음(소리)을 쓰세요.

1 4월 5일은 植木日 입니다.　　　훈 [　　]　음 [　　]

2 사자는 動物의 왕입니다.　　　훈 [　　]　음 [　　]

3 色紙로 예쁜 꽃을 만들었습니다.　　　훈 [　　]　음 [　　]

4 이 비행기는 地上 5000미터 상공을 날고 있습니다.

훈 [　　]　음 [　　]

5 나는 下校 시간이 즐겁습니다.　　　훈 [　　]　음 [　　]

6 길을 건널 때는 左右를 잘 살펴야 합니다.

훈 [　　]　음 [　　]

7 공이 右中間으로 빠졌습니다.　　　훈 [　　]　음 [　　]

8 事前 준비를 철저히 합니다.　　　훈 [　　]　음 [　　]

9 그의 효행은 後世의 귀감이 되었습니다.

훈 [　　]　음 [　　]

10 市內 버스를 타고 갔습니다.　　　훈 [　　]　음 [　　]

2 과정

7급

수·나라·시간 익히기

수·나라·시간과 관련된 한자입니다.

 數 셈 수

 同 한가지 동

 安 편안 안

全 온전 전

 空 빌 공

 旗 기 기

 主 주인 / 임금 주

春 봄 춘

 夏 여름 하

 秋 가을 추

월   일   확인

이름

數
훈셈 음수

婁 + 攵 = 數
별이름 루   칠복

흩어져 있는 물건(婁)을 막대기를 들고 돌아다니며
치면서(攵) 셈하는 데서 **세다**를 뜻합니다.

攵(攴)부수(총15획) 數數數數數數數數數數數數數數數

🖍 필순에 따라 빈칸에 數를 쓰고, 훈과 음을 쓰세요.

數	數	數	數	數	數	數
셈수	셈수	셈수	셈수	셈수	셈수	셈수

🖍 빈칸에 漢字(한자)의 음을 쓰고, 數가 쓰인 낱말을 읽어 보세요.

· 數學(☐☐) : 수량 및 공간의 성질에 관하여 연구하는 학문.   (學 : 배울 학)

· 寸數(☐☐) : 친족 사이의 멀고 가까운 정도를 나타내는 수.   (寸 : 마디 촌)

44

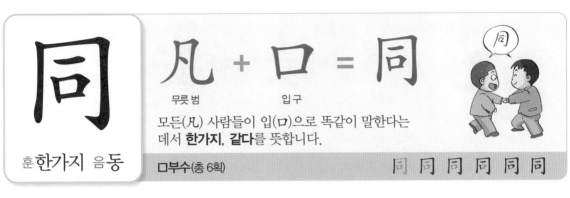

同

훈 한가지 음 동

凡 + 口 = 同

무릇 범   입구

모든(凡) 사람들이 입(口)으로 똑같이 말한다는 데서 **한가지**, **같다**를 뜻합니다.

口부수(총 6획)

同 同 同 同 同 同

월   일   확인

이름

🖍 필순에 따라 빈칸에 同을 쓰고, 훈과 음을 쓰세요.

同	同	同	同	同	同	同
한가지 동	한가지 동	한가지 동	한가지 동	한가지 동	한가지 동	한가지 동

🖍 빈칸에 漢字(한자)의 음을 쓰고, 同이 쓰인 낱말을 읽어 보세요.

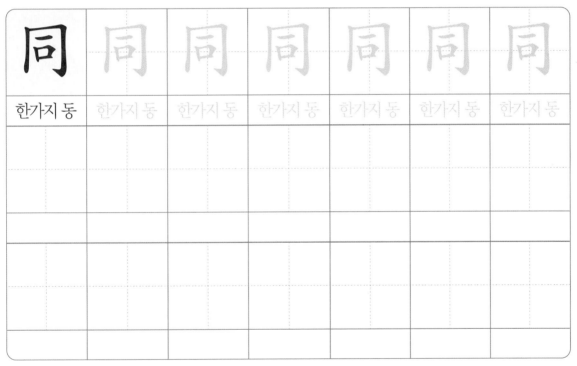

· 同一(☐☐) : 어떤 것과 비교하여 똑같음.   (一 : 한 일)

· 同名(☐☐) : 이름이 서로 같음.   (名 : 이름 명)

월   일   확인

이름

安

훈 편안 음 안

宀 + 女 = 安

집 면   계집 녀

여자(女)가 집(宀) 안에 있어서 모든 가족이
편안하게 된다는 데서 **편안하다**를 뜻합니다.

宀 부수(총 6획)

安 安 安 安 安 安

📝 필순에 따라 빈칸에 安을 쓰고, 훈과 음을 쓰세요.

安	安	安	安	安	安	安
편안 안	편안 안	편안 안	편안 안	편안 안	편안 안	편안 안

📝 빈칸에 漢字(한자)의 음을 쓰고, 安이 쓰인 낱말을 읽어 보세요.

· 安心(□ □) : 모든 걱정을 떨쳐 버리고 마음을 편히 가짐.   (心 : 마음 심)

· 安全(□ □) : 위험이 생기거나 사고가 날 염려가 없음.   (全 : 온전 전)

월   일   확인

이름

入 + 玉 = 全

들입   구슬옥

구슬(玉)을 들여놓고(入) 잘 간직한다는 데서
온전하다를 뜻합니다.

훈 온전 음 전

入부수(총 6획)

全 全 全 全 全 全

💢 필순에 따라 빈칸에 全을 쓰고, 훈과 음을 쓰세요.

全	全	全	全	全	全	全
온전 전	온전 전	온전 전	온전 전	온전 전	온전 전	온전 전

💢 빈칸에 漢字(한자)의 음을 쓰고, 全이 쓰인 낱말을 읽어 보세요.

· 全國 (☐☐) : 온 나라.   (國 : 나라 국)

· 全校 (☐☐) : 한 학교의 전체.   (校 : 학교 교)

47

월   일   확인

이름

空
훈빌 음공

穴 + 工 = 空

구멍 혈   장인공

연장(工)으로 판 구멍(穴)은 비어 있다는 데서
비다를 뜻합니다.

穴부수(총 8획)

空 空 空 空 空 空 空 空

🔎 필순에 따라 빈칸에 空을 쓰고, 훈과 음을 쓰세요.

空	空	空	空	空	空	空
빌공	빌공	빌공	빌공	빌공	빌공	빌공

🔎 빈칸에 漢字(한자)의 음을 쓰고, 空이 쓰인 낱말을 읽어 보세요.

· 空中(☐☐) : 하늘과 땅 사이의 빈 곳.   (中 : 가운데 중)

· 空軍(☐☐) : 주로 공중에서 공격과 방어의 임무를 수행하는 군대.   (軍 : 군사 군)

월   일   확인

이름

| 旗 | | → | | → | 旗 |

깃대 위에서 바람에 펄럭이고 있는 **깃발**의 모양을 본뜬 한자입니다.

훈기 음기

方부수(총 14획)   旗旗旗旗旗旗旗旗旗旗旗旗旗旗

필순에 따라 빈칸에 旗를 쓰고, 훈과 음을 쓰세요.

旗	旗	旗	旗	旗	旗	旗
기 기	기 기	기 기	기 기	기 기	기 기	기 기

빈칸에 漢字(한자)의 음을 쓰고, 旗가 쓰인 낱말을 읽어 보세요.

· **國旗**(　　) : 한 나라의 역사, 국민성, 이상 따위를 상징하도록 정한 기. (國 : 나라 국)

· **旗手**(　　) : 행사 때 대열의 앞에 서서 기를 드는 일을 맡은 사람.　　(手 : 손 수)

월   일   확인

이름

主

훈 **주인/임금** 음 주

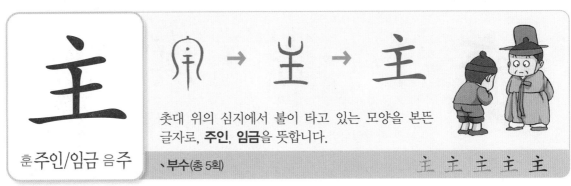

촛대 위의 심지에서 불이 타고 있는 모양을 본뜬 글자로, **주인**, **임금**을 뜻합니다.

、부수(총 5획)

主 主 主 主 主

🖊 필순에 따라 빈칸에 主를 쓰고, 훈과 음을 쓰세요.

主	主	主	主	主	主	主
주인/임금 주	주인/임금 주	주인/임금 주	주인/임금 주	주인/임금 주	주인/임금 주	주인/임금 주

🖊 빈칸에 漢字(한자)의 음을 쓰고, 主가 쓰인 낱말을 읽어 보세요.

· 主人(☐☐) : 대상이나 물건 따위를 소유한 사람.   (人 : 사람 인)

· 民主(☐☐) : 주권이 국민에게 있음.   (民 : 백성 민)

春

훈 봄 음 춘

풀초　　　진칠둔　　　날일

햇볕(日)을 받아 언덕(屯)에 풀(艸)이 돋아나는
모습에서 **봄**을 뜻합니다.

日부수(총 9획)

春 春 春 春 春 春 春 春 春

📝 필순에 따라 빈칸에 春을 쓰고, 훈과 음을 쓰세요.

春	春	春	春	春	春	春
봄춘	봄춘	봄춘	봄춘	봄춘	봄춘	봄춘

📝 빈칸에 漢字(한자)의 음을 쓰고, 春이 쓰인 낱말을 읽어 보세요.

・立春（☐☐）: 24절기 중 하나로, 봄이 시작되는 때.　　　　　（立 : 설 립）

・青春（☐☐）: 십 대 후반에서 이십 대에 걸치는 인생의 젊은 나이 또는 그런 시절.
　　　　　　　　　　　　　　　　　　　　　　　　　　　　　（青 : 푸를 청）

春의 상대 반의어 – 秋(가을 추)

51

월   일

이름

夏

훈 여름 음 하

夂 부수 (총 10획)

사람이 기우제를 지내면서 춤을 추고 있는 모습을 본뜬 글자로, **여름**을 뜻합니다.

夏夏夏夏夏夏夏夏夏夏

✏️ 필순에 따라 빈칸에 夏를 쓰고, 훈과 음을 쓰세요.

夏	夏	夏	夏	夏	夏	夏
여름 하	여름 하	여름 하	여름 하	여름 하	여름 하	여름 하

✏️ 빈칸에 漢字(한자)의 음을 쓰고, 夏가 쓰인 낱말을 읽어 보세요.

· 立夏(☐ ☐) : 24절기 중 하나로, 여름이 시작되는 때.   (立 : 설 립)

· 夏冬(☐ ☐) : 여름과 겨울.   (冬 : 겨울 동)

夏의 상대 반의어 - 冬(겨울 동)

禾 + 火 = 秋

벼 화   불 화

햇볕(火)을 받아 잘 익은 곡식(禾)을 거둬들이는
계절인 **가을**을 뜻합니다.

훈 가을 음 추

禾부수(총 9획)

秋秋秋秋秋秋秋秋秋

🖊 필순에 따라 빈칸에 秋를 쓰고, 훈과 음을 쓰세요.

秋	秋	秋	秋	秋	秋	秋
가을추	가을추	가을추	가을추	가을추	가을추	가을추

🖊 빈칸에 漢字(한자)의 음을 쓰고, 秋가 쓰인 낱말을 읽어 보세요.

· 秋夕(☐ ☐) : 우리나라 명절의 하나. 음력 팔월 보름날.　　(夕 : 저녁 석)

· 春秋(☐ ☐) : ① 봄가을. ② 어른의 나이를 높여 이르는 말.　　(春 : 봄 춘)

秋의 상대 반의어—春(봄 춘)

53

✏️ 흐린 한자를 필순에 맞게 쓰고, 빈칸에 훈(뜻)과 음(소리)을 쓰세요.

1 철호는 교내 數學 경시 대회에서 좋은 성적을 거뒀습니다.

훈 [　　　] 음 [　　　]

2 내 생각은 당신의 생각과 同一합니다.

훈 [　　　] 음 [　　　]

3 번개가 치면 安全한 곳으로 피신해야 합니다.

훈 [　　　] 음 [　　　]

4 자전거를 타고 全國을 여행할 예정입니다.

훈 [　　　] 음 [　　　]

5 우리 삼촌은 하늘을 지키는 멋있는 空軍입니다.

훈 [　　　] 음 [　　　]

6 나라마다 그 나라를 상징하는 **國**가 있습니다.

훈 [   ] 음 [   ]

7 그 가게  아저씨는 참 친절합니다.

훈 [   ] 음 [   ]

8 오늘은 봄이 시작된다는 **立**입니다.

훈 [   ] 음 [   ]

9 **立**는 양력 5월 5, 6일경입니다.

훈 [   ] 음 [   ]

10 秋**夕**에는 줄다리기, 강강술래, 씨름 등의 놀이를 즐깁니다.

훈 [   ] 음 [   ]

제 3회
기출 및 예상 문제
7급

1 다음 밑줄 친 漢字語(한자어)의 음(음 : 소리)을 쓰세요.

보기

漢字 ➡ 한자

(1) 同名이인이 무슨 뜻입니까?   (   )

(2) 이 우산의 主人은 누구입니까?   (   )

(3) 목적지에 安全하게 도착했습니다.   (   )

(4) 全校 학생 회장 선거가 있습니다.   (   )

(5) 여름이 시작된다는 立夏입니다.   (   )

(6) 내가 제일 좋아하는 과목은 數學입니다.   (   )

(7) 삼촌이 空軍에 입대했습니다.   (   )

(8) 많은 靑春 남녀가 광장에 모였습니다.   (   )

(9) 우리 선수단이 旗手를 앞세우고 입장합니다.   (   )

(10) 秋夕을 쇠러 시골집에 내려갔습니다.   (   )

2 다음 漢字(한자)의 訓(훈 : 뜻)과 音(음 : 소리)을 쓰세요.

> 보기
>
> 字 ➡ 글자 자

(1) 數 (   )   (2) 全 (   )

(3) 春 (   )   (4) 同 (   )

(5) 秋 (   )   (6) 夏 (   )

(7) 安 (   )   (8) 旗 (   )

(9) 空 (   )   (10) 主 (   )

3 다음 밑줄 친 단어의 漢字語(한자어)를 보기 에서 골라 그 번호를 쓰세요.

> 보기
>
> ① 春川   ② 全國   ③ 空中   ④ 安心

(1) 춘천은 닭갈비로 유명합니다.   (   )

(2) 새는 공중을 마음껏 날아다닙니다.   (   )

(3) 어머니는 무사히 돌아온 아이를 보자 안심했습니다.

(   )

(4) 올림픽 경기가 전국으로 방송되었습니다.   (   )

4 다음 訓(훈 : 뜻)과 音(음 : 소리)에 맞는 漢字(한자)를 보기 에서 골라 그 번호를 쓰세요.

보기

① 安 ② 旗 ③ 春 ④ 夏 ⑤ 秋
⑥ 同 ⑦ 全 ⑧ 主 ⑨ 數 ⑩ 空

(1) 빌 공   (   )   (2) 편안 안   (   )

(3) 셈 수   (   )   (4) 봄 춘   (   )

(5) 기 기   (   )   (6) 가을 추   (   )

(7) 여름 하   (   )   (8) 한가지 동   (   )

(9) 온전 전   (   )   (10) 주인/임금 주 (   )

5 다음 밑줄 친 구절의 뜻에 가장 가까운 漢字語(한자어)를 보기 에서 골라 그 번호를 쓰세요.

보기

① 靑旗   ② 白旗   ③ 全力   ④ 全國

(1) 그는 그 일을 해내기 위해 온 힘을 쏟았습니다.

(   )

(2) 적이 흰 깃발을 들고 투항했습니다.   (   )

6 다음 漢字(한자)의 상대 또는 반대되는 漢字(한자)를 보기 에서 골라 그 번호를
쓰세요.

보기

①北   ②同   ③主   ④秋

(1) 春 ↔ (   )   (2) 南 ↔ (   )

7 다음 漢字語(한자어)의 뜻을 쓰세요.

(1) 同一   (   )

(2) 民主   (   )

8 다음 漢字(한자)의 진하게 표시한 획은 몇 번째 쓰는지 보기 에서 찾아 그
번호를 쓰세요.

보기
① 첫 번째   ② 두 번째   ③ 세 번째   ④ 네 번째
⑤ 다섯 번째 ⑥ 여섯 번째 ⑦ 일곱 번째 ⑧ 여덟 번째
⑨ 아홉 번째 ⑩ 열 번째

(1) 秋 (   )   (2) 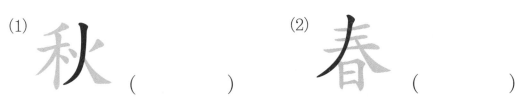春 (   )

월   일   확인

이름

✎ 흐린 한자를 필순에 맞게 쓰고, 빈칸에 훈(뜻)과 음(소리)을 쓰세요.

1 드디어 出口를 찾았습니다.

훈 □   음 □

2 선수들이 入場하고 있습니다.

훈 □   음 □

3 正直한 사람은 반드시 성공합니다.

훈 □   음 □

4 인류가 다른 동물들과 다른 점은 直立한다는 것입니다.

훈 □   음 □

5 四方이 적으로 둘러싸였습니다.

훈 □   음 □

6 반상회에 많은 住民이 모였습니다.

훈 □   음 □

7 내게는 가족이 가장 所重합니다.

훈 □   음 □

8 여기에 姓名을 적으십시오.

훈 □   음 □

9 지리산은 우리나라 名山 중 하나입니다.

훈 □   음 □

10 새로운 市長이 뽑혔습니다.

훈 □   음 □

한자능력검정시험

시간·마을 익히기

7급

시간·마을과 관련된 한자입니다.

 冬 겨울 동

 午 낮 오

 夕 저녁 석

 每 매양 매

時 때 시

 來 올 래

 洞 골 동 / 밝을 통

里 마을 리

 農 농사 농

 村 마을 촌

월   일   확인

이름

冬

훈 겨울 음 동

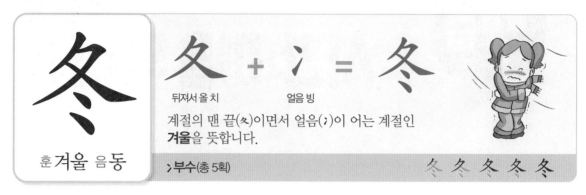

夂 + 冫 = 冬

뒤져서올 치   얼음 빙

계절의 맨 끝(夂)이면서 얼음(冫)이 어는 계절인 **겨울**을 뜻합니다.

冫부수(총 5획)

冬冬冬冬冬

📝 필순에 따라 빈칸에 冬을 쓰고, 훈과 음을 쓰세요.

冬	冬	冬	冬	冬	冬	冬
겨울 동	겨울동	겨울동	겨울동	겨울동	겨울동	겨울동

📝 빈칸에 漢字(한자)의 음을 쓰고, 冬이 쓰인 낱말을 읽어 보세요.

· 立冬(☐☐) : 24절기 중 하나로, 겨울이 시작되는 때.   (立 : 설 립)

· 三冬(☐☐) : ① 겨울의 석 달. ② 세 해의 겨울.   (三 : 석 삼)

冬의 상대 반의어 – 夏(여름 하)

월   일   확인

이름

午

훈 낮 음 오

절굿공이 같은 막대기를 땅에 꽂아 나타난 그림자를 보고 시간을 알았다는 데서 **낮**을 뜻합니다.

十부수(총 4획)

午 午 午 午

🖊 필순에 따라 빈칸에 午를 쓰고, 훈과 음을 쓰세요.

午	午	午	午	午	午	午
낮 오	낮 오	낮 오	낮 오	낮 오	낮 오	낮 오

🖊 빈칸에 漢字(한자)의 음을 쓰고, 午가 쓰인 낱말을 읽어 보세요.

- 午前(☐☐) : 자정부터 낮 열두 시까지의 시간.   (前 : 앞 전)
- 午後(☐☐) : 정오부터 밤 열두 시까지의 시간.   (後 : 뒤 후)

월   일   확인

이름

夕
훈 저녁 음 석

초승달의 모양을 본뜬 글자로, 달은 대부분
저녁에 뜬다는 데서 **저녁**을 뜻합니다.

夕부수(총 3획)

夕 夕 夕

🖊 필순에 따라 빈칸에 夕을 쓰고, 훈과 음을 쓰세요.

夕	夕	夕	夕	夕	夕	夕
저녁 석	저녁 석	저녁 석	저녁 석	저녁 석	저녁 석	저녁 석

🖊 빈칸에 漢字(한자)의 음을 쓰고, 夕이 쓰인 낱말을 읽어 보세요.

· 七夕 (☐☐) : 음력으로 칠월 초이렛날의 밤.   (七 : 일곱 칠)

· 夕食 (☐☐) : 저녁밥.   (食 : 밥/먹을 식)

每
훈 매양 음 매

母부수(총 7획)

머리에 비녀를 꽂은 여자의 모습을 본뜬 글자로,
어머니는 늘 자녀를 위해 희생한다는 데서 **매양**을 뜻합니다.

每 每 每 每 每 每 每

🖊 필순에 따라 빈칸에 每를 쓰고, 훈과 음을 쓰세요.

每	每	每	每	每	每	每
매양 매	매양 매	매양 매	매양 매	매양 매	매양 매	매양 매

🖊 빈칸에 漢字(한자)의 음을 쓰고, 每가 쓰인 낱말을 읽어 보세요.

· 每日 (　　) : 각각의 개별적인 나날.　　　　　　　　　　(日 : 날 일)

· 每事 (　　) : 하나하나의 모든 일.　　　　　　　　　　(事 : 일 사)

월   일

확인

이름

時

훈때 음시

日 + 寺 = 時

날일   절사

뜻을 나타내는 日(날 일)과 소리를 나타내는 寺(절 사)를 합해,
태양이 일정한 규칙에 의해 돌아간다는 데서 **때**를 뜻합니다.

日부수(총 10획)

時 時 時 時 時 時 時 時 時 時

필순에 따라 빈칸에 時를 쓰고, 훈과 음을 쓰세요.

時	時	時	時	時	時	時
때 시	때시	때시	때시	때시	때시	때시

빈칸에 漢字(한자)의 음을 쓰고, 時가 쓰인 낱말을 읽어 보세요.

· 時間(☐☐) : 어떤 시각에서 어떤 시각까지의 사이.   (間 : 사이 간)

· 時空(☐☐) : 시간과 공간.   (空 : 빌 공)

66

來

훈 올 음 래

人부수(총 8획)

보리의 이삭 모양을 본뜬 글자로, 보리는 하늘로부터 전하여 온다고 믿었기에 **오다**를 뜻합니다.

來 來 來 來 來 來 來 來

📎 필순에 따라 빈칸에 來를 쓰고, 훈과 음을 쓰세요.

來	來	來	來	來	來	來
올래	올래	올래	올래	올래	올래	올래

📎 빈칸에 漢字(한자)의 음을 쓰고, 來가 쓰인 낱말을 읽어 보세요.

· 來日 (☐☐) : 오늘의 바로 다음 날.　　　　　　　　(日 : 날 일)

· 來年 (☐☐) : 올해의 바로 다음 해.　　　　　　　　(年 : 해 년)

※ 來가 한자어의 맨 앞에 올 때는 '내'로 읽습니다.

67

월   일   확인
이름

氵 + 同 = 洞

물 수   한가지 동

물(氵)이 있는 곳에 사람들이 같이(同) 모여 산다는
데서 **고을**을 뜻합니다.

훈 골/밝을 음 동/통

氵(水)부수 (총 9획)

洞洞洞洞洞洞洞洞洞

✏️ 필순에 따라 빈칸에 洞을 쓰고, 훈과 음을 쓰세요.

洞	洞	洞	洞	洞	洞	洞
골동/밝을통	골동/밝을통	골동/밝을통	골동/밝을통	골동/밝을통	골동/밝을통	골동/밝을통

✏️ 빈칸에 漢字(한자)의 음을 쓰고, 洞이 쓰인 낱말을 읽어 보세요.

· 洞口 (☐☐) : 동네 어귀.   (口 : 입 구)

· 洞里 (☐☐) : 마을.   (里 : 마을 리)

68

월 일 확인

이름

里

훈 마을 음 리

里 → 里 → 里

밭(田)이 있고 토지(土)가 있는 곳에서 사람들이 산다는 데서 **마을**을 뜻합니다.

里부수(총 7획)

里 里 里 里 里 里 里

📌 필순에 따라 빈칸에 里를 쓰고, 훈과 음을 쓰세요.

里	里	里	里	里	里	里
마을 리	마을 리	마을 리	마을 리	마을 리	마을 리	마을 리

📌 빈칸에 漢字(한자)의 음을 쓰고, 里가 쓰인 낱말을 읽어 보세요.

· 里長(☐☐) : 행정 구역의 단위인 '이'를 대표하여 일을 맡아보는 사람. (長 : 긴 장)

· 三千里(☐☐☐) : 우리나라 전체를 비유적으로 이르는 말.

(三 : 석 삼, 千 : 일천 천)

※ 里가 한자어의 맨 앞에 올 때는 '이'로 읽습니다.

월   일   확인
이름

農
훈 농사 음 농

曲 + 辰 = 農
굽을 곡   별 진

曲은 밭, 辰은 농기구를 가리키는데, 밭(曲)에서
농기구(辰)를 들고 일한다는 데서 **농사**를 뜻합니다.

辰부수(총 13획)

農農農農農農農農農農農農農

✏️ 필순에 따라 빈칸에 農을 쓰고, 훈과 음을 쓰세요.

農	農	農	農	農	農	農
농사 농	농사 농	농사 농	농사 농	농사 농	농사 농	농사 농

✏️ 빈칸에 漢字(한자)의 음을 쓰고, 農이 쓰인 낱말을 읽어 보세요.

· 農夫(☐☐) : 농사짓는 일을 직업으로 하는 사람.   (夫 : 지아비 부)

· 農事(☐☐) : 씨나 모종을 심어 기르고 거두는 따위의 일.   (事 : 일 사)

村
훈 마을 음 촌

木 + 寸 = 村
나무 목   마디 촌

나무(木) 아래에 규칙 있게(寸) 모여 산다는 데서
마을을 뜻합니다.

木부수(총 7획)

村 村 村 村 村 村 村

📌 필순에 따라 빈칸에 村을 쓰고, 훈과 음을 쓰세요.

村	村	村	村	村	村	村
마을촌	마을촌	마을촌	마을촌	마을촌	마을촌	마을촌

📌 빈칸에 漢字(한자)의 음을 쓰고, 村이 쓰인 낱말을 읽어 보세요.

· 農村(⬚ ⬚) : 주민의 대부분이 농업에 종사하는 마을이나 지역.   (農 : 농사 농)

· 村長(⬚ ⬚) : 한 마을의 우두머리.   (長 : 긴 장)

✏️ 흐린 한자를 필순에 맞게 쓰고, 빈칸에 훈(뜻)과 음(소리)을 쓰세요.

1 11월 8일경 겨울이 시작되는 시기를 立冬이라고 합니다.

훈 [　　] 음 [　　]

2 午後에 친구들과 운동장에서 축구를 했습니다.

훈 [　　] 음 [　　]

3 오늘은 견우와 직녀가 만난다는 七夕입니다.

훈 [　　] 음 [　　]

4 그는 每事에 신중합니다.

훈 [　　] 음 [　　]

5 친구가 약속 時間에 늦게 도착했습니다.

훈 [　　] 음 [　　]

6 來年에는 제주도로 여행을 갈 것입니다.

훈 [　　　] 음 [　　　]

7 洞口 앞에 커다란 느티나무가 서 있습니다.

훈 [　　　] 음 [　　　]

8 우리 마을 里長님은 마을일에 열심입니다.

훈 [　　　] 음 [　　　]

9 봄이 되면 農夫의 손길이 바빠집니다.

훈 [　　　] 음 [　　　]

10 방학 때 農村 체험 마을에 다녀왔습니다.

훈 [　　　] 음 [　　　]

1 다음 밑줄 친 漢字語(한자어)의 음(음 : 소리)을 쓰세요.

보기

漢字 ➡ 한자

(1) 우리 '동'을 대표하는 분을 洞長이라고 합니다.

(　　　　　)

(2) 올해 農事는 대풍입니다.　　　　　(　　　　　)

(3) 秋夕의 대표적 음식은 송편입니다.　　　　　(　　　　　)

(4) 그는 每事에 빈틈이 없습니다.　　　　　(　　　　　)

(5) 오늘은 겨울이 시작된다는 立冬입니다.　　　　　(　　　　　)

(6) 來年에 중학교에 들어갑니다.　　　　　(　　　　　)

(7) 약속 時間에 늦지 않도록 해라.　　　　　(　　　　　)

(8) 우리 동네 里長님은 열심히 마을일을 돌봅니다.

(　　　　　)

(9) 午前에 도서관에 갔습니다.　　　　　(　　　　　)

(10) 일손이 부족한 農村으로 봉사 활동을 떠났습니다.

(　　　　　)

2 다음 漢字(한자)의 訓(훈 : 뜻)과 音(음 : 소리)을 쓰세요.

보기

字 ➡ 글자 자

(1) 時 (   )   (2) 夕 (   )

(3) 農 (   )   (4) 里 (   )

(5) 來 (   )   (6) 每 (   )

(7) 午 (   )   (8) 村 (   )

(9) 洞 (   )   (10) 冬 (   )

3 다음 밑줄 친 단어의 漢字語(한자어)를 보기 에서 골라 그 번호를 쓰세요.

보기

① 午後   ② 每年   ③ 來日   ④ 農夫

(1) <u>농부</u>가 때를 맞추어 씨앗을 뿌리고 가꿉니다.   (   )

(2) <u>오후</u>에 친구들과 축구를 했습니다.   (   )

(3) <u>내일</u> 민속촌으로 소풍을 갑니다.   (   )

(4) 지구의 기온이 <u>매년</u> 조금씩 상승하고 있습니다.

(   )

4 다음 訓(훈 : 뜻)과 音(음 : 소리)에 맞는 漢字(한자)를 보기 에서 골라 그 번호를 쓰세요.

보기

①來　　②農　　③午　　④夕　　⑤洞
⑥時　　⑦村　　⑧里　　⑨每　　⑩冬

(1) 저녁 석　（　　　）　(2) 때 시　（　　　）

(3) 겨울 동　（　　　）　(4) 올 래　（　　　）

(5) 마을 촌　（　　　）　(6) 낮 오　（　　　）

(7) 매양 매　（　　　）　(8) 농사 농　（　　　）

(9) 마을 리　（　　　）　(10) 골 동/밝을 통

　　　　　　　　　　　　　　（　　　）

5 다음 밑줄 친 구절의 뜻에 가장 가까운 漢字語(한자어)를 보기 에서 골라 그 번호를 쓰세요.

보기

①每事　　②每日　　③夕食　　④秋夕

(1) 온가족이 함께 저녁밥을 먹었습니다.　（　　　）

(2) 그는 날마다 밤잠을 설쳤습니다.　（　　　）

6 다음 漢字(한자)의 상대 또는 반대되는 漢字(한자)를 보기 에서 골라 그 번호를 쓰세요.

보기
　　　① 冬　　　② 午　　　③ 弟　　　④ 來

(1) 兄 ↔ (　　　　　　)　　　　　(2) 夏 ↔ (　　　　　　)

7 다음 漢字語(한자어)의 뜻을 쓰세요.

(1) 時空　　　　　　　　　(　　　　　　　　　)
(2) 洞里　　　　　　　　　(　　　　　　　　　)

8 다음 漢字(한자)의 진하게 표시한 획은 몇 번째 쓰는지 보기 에서 찾아 그 번호를 쓰세요.

보기
① 첫 번째　② 두 번째　③ 세 번째　④ 네 번째
⑤ 다섯 번째　⑥ 여섯 번째　⑦ 일곱 번째　⑧ 여덟 번째
⑨ 아홉 번째　⑩ 열 번째

(1) 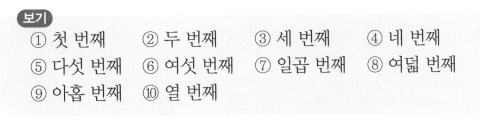 (　　　)　　　　(2)  (　　　)

1 과정 한자 복습

월   일   확인

이름

🔖 흐린 한자를 필순에 맞게 쓰고, 빈칸에 훈(뜻)과 음(소리)을 쓰세요.

1 친구와 市立 도서관에 갔습니다.   훈 ☐ 음 ☐

2 그는 넓은 世上을 구경하기 위해 떠났습니다.   훈 ☐ 음 ☐

3 人間은 사회적 동물입니다.   훈 ☐ 음 ☐

4 電氣는 우리 생활에서 중요합니다.   훈 ☐ 음 ☐

5 그녀는 항상 生氣가 넘쳐 보입니다.   훈 ☐ 음 ☐

6 잘못을 저질러 不安합니다.   훈 ☐ 음 ☐

7 平日이라 가게가 한가합니다.   훈 ☐ 음 ☐

8 그는 有名한 축구 선수입니다.   훈 ☐ 음 ☐

9 사과가 나무에서 떨어지는 것은 重力 때문입니다.   훈 ☐ 음 ☐

10 아버지가 새 自動車를 샀습니다.   훈 ☐ 음 ☐

7급

마을·생활 익히기

마을·생활과 관련된 한자입니다.

 場 마당 장

 邑 고을 읍

 休 쉴 휴

 紙 종이 지

 活 살 활

 動 움직일 동

 食 밥 먹을 식

 便 편할 편 똥오줌 변

 心 마음 심

 歌 노래 가

場

훈 마당 음 장

土 + 昜 = 場

흙 토   볕 양

햇볕(昜)이 잘 드는 넓은 땅(土)이라는 데서 **마당**을 뜻합니다.

土부수(총 12획)

場 場 場 場 場 場 場 場 場 場 場 場

🖊 필순에 따라 빈칸에 場을 쓰고, 훈과 음을 쓰세요.

場	場	場	場	場	場	場
마당 장	마당 장	마당 장	마당 장	마당 장	마당 장	마당 장

🖊 빈칸에 漢字(한자)의 음을 쓰고, 場이 쓰인 낱말을 읽어 보세요.

• 市場(☐☐) : 여러 가지 상품을 사고파는 일정한 장소.   (市 : 저자 시)

• 場所(☐☐) : 어떤 일이 이루어지거나 일어나는 곳.   (所 : 바 소)

월   일   확인

이름

邑

훈 고을 음 읍

邑부수(총 7획)

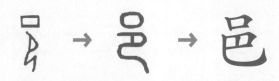

사람이 성 아래에 앉아 있는 모습을 본뜬 글자로, 사람들이 거주하는 곳인 **고을**을 뜻합니다.

邑 邑 邑 邑 邑 邑 邑

✐ 필순에 따라 빈칸에 邑을 쓰고, 훈과 음을 쓰세요.

邑	邑	邑	邑	邑	邑	邑
고을 읍	고을 읍	고을 읍	고을 읍	고을 읍	고을 읍	고을 읍

✐ 빈칸에 漢字(한자)의 음을 쓰고, 邑이 쓰인 낱말을 읽어 보세요.

- 邑內 (☐ ☐) : 읍의 구역 안.   (內 : 안 내)
- 邑長 (☐ ☐) : 지방 행정 구역인 읍의 우두머리.   (長 : 긴 장)

월 ___ 일 ___

확인

이름 ___

休

훈 **쉴** 음 **휴**

イ + 木 = 休

사람 인　　　나무 목

사람(イ)이 나무(木) 그늘 밑에서 쉰다는 데서
쉬다를 뜻합니다.

イ(人)부수(총 6획)

休 休 休 休 休 休

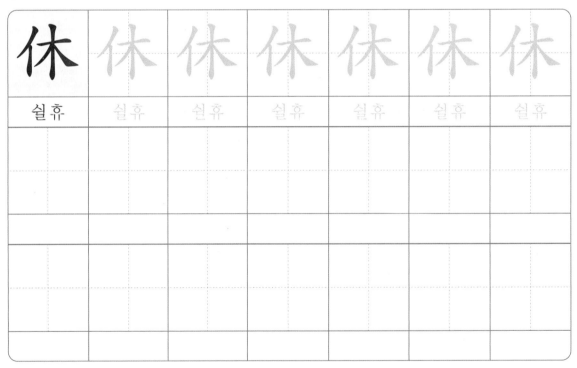

필순에 따라 빈칸에 休를 쓰고, 훈과 음을 쓰세요.

休	休	休	休	休	休	休
쉴 휴	쉴 휴	쉴 휴	쉴 휴	쉴 휴	쉴 휴	쉴 휴

빈칸에 漢字(한자)의 음을 쓰고, 休가 쓰인 낱말을 읽어 보세요.

· 休日 (　　) : 일을 하지 아니하고 쉬는 날.　　　　　　(日 : 날 일)

· 休學 (　　) : 질병이나 기타 사정으로, 일정 기간 동안 학교를 쉬는 일.

(學 : 배울 학)

紙

훈 종이 음 지

糸 + 氏 = 紙

실사   성씨

실(糸) 모양의 원료로 종이를 만든다는 데서 **종이**를 뜻합니다.

糸부수 (총 10획)   紙 紙 紙 紙 紙 紙 紙 紙 紙 紙

✏️ 필순에 따라 빈칸에 紙를 쓰고, 훈과 음을 쓰세요.

紙	紙	紙	紙	紙	紙	紙
종이 지	종이 지	종이 지	종이 지	종이 지	종이 지	종이 지

✏️ 빈칸에 漢字(한자)의 음을 쓰고, 紙가 쓰인 낱말을 읽어 보세요.

· 韓紙(□ □) : 우리나라 고유의 제조법으로 만든 종이.   (韓 : 한국/나라 한)

· 便紙(□ □) : 안부, 소식, 용무 따위를 적어 보내는 글.   (便 : 편할 편/똥오줌 변)

活
훈 살 음 활

氵 + 舌 = 活
물수   혀설

물(氵) 흐르는 소리가 사람이 말하는 것(舌)처럼 생기가 넘친다는 데서 **살다**를 뜻합니다.

氵(水)부수(총 9획)

活 活 活 活 活 活 活 活 活

✏️ 필순에 따라 빈칸에 **活**을 쓰고, 훈과 음을 쓰세요.

活	活	活	活	活	活	活
살 활	살 활	살 활	살 활	살 활	살 활	살 활

✏️ 빈칸에 漢字(한자)의 음을 쓰고, **活**이 쓰인 낱말을 읽어 보세요.

· 生活(　　) : 사람이나 동물이 일정한 환경에서 활동하며 살아감.　　(生 : 날 생)

· 活動(　　) : 몸을 움직여 행동함.　　(動 : 움직일 동)

動

훈 움직일 음 동

重 + 力 = 動

무거울 중   힘 력

무거운 것(重)을 힘(力)을 써서 옮긴다는 데서 **움직이다**를 뜻합니다.

力부수(총 11획)   動 動 動 動 動 動 動 動 動 動 動

🖊 필순에 따라 빈칸에 **動**을 쓰고, 훈과 음을 쓰세요.

動	動	動	動	動	動	動
움직일 동	움직일 동	움직일 동	움직일 동	움직일 동	움직일 동	움직일 동

🖊 빈칸에 漢字(한자)의 음을 쓰고, **動**이 쓰인 낱말을 읽어 보세요.

· 生動 (　　) : 생기 있게 살아 움직임.　　　　　　　　　　　　(生 : 날 생)

· 動力 (　　) : 전기 또는 자연에 있는 에너지를 쓰기 위하여 기계적인 에너지로 바꾼 것.

(力 : 힘 력)

食

훈 밥/먹을 음 식

음식물이 담겨 있는 그릇의 모양을 본뜬 글자로,
밥, 먹다를 뜻합니다.

食부수(총 9획)

食 食 食 食 食 食 食 食 食

📝 필순에 따라 빈칸에 食을 쓰고, 훈과 음을 쓰세요.

食	食	食	食	食	食	食
밥/먹을 식	밥/먹을 식	밥/먹을 식	밥/먹을 식	밥/먹을 식	밥/먹을 식	밥/먹을 식

📝 빈칸에 漢字(한자)의 음을 쓰고, 食이 쓰인 낱말을 읽어 보세요.

· 食事(☐ ☐) : 끼니로 음식을 먹음.   (事 : 일 사)

· 間食(☐ ☐) : 끼니와 끼니 사이에 음식을 먹음.   (間 : 사이 간)

월   일   확인

이름

便

훈 편할/똥오줌 음 편/변

亻 + 更 = 便

사람 인   고칠 경

사람(亻)이 불편한 데를 고친다(更)는 데서
편하다를 뜻합니다.

亻(人)부수 (총 9획)

便 便 便 便 便 便 便 便 便

🖊 필순에 따라 빈칸에 便을 쓰고, 훈과 음을 쓰세요.

便	便	便	便	便	便	便
편할 편	편할 편	편할 편	편할 편	편할 편	편할 편	편할 편

🖊 빈칸에 漢字(한자)의 음을 쓰고, 便이 쓰인 낱말을 읽어 보세요.

• 便安(　　　) : 편하고 걱정 없이 좋음.   (安 : 편안 안)

• 便所(　　　) : 대소변을 보도록 만들어 놓은 곳.   (所 : 바 소)

※便이 '편하다'는 뜻일 때는 '편'으로, '똥오줌'의 뜻일 때는 '변'으로 읽습니다.

월   일   확인

이름

心

훈 마음 음 심

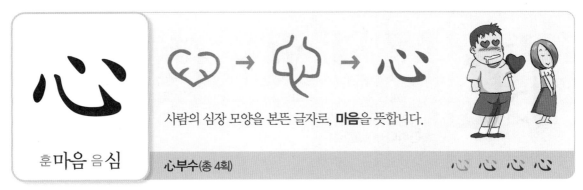

사람의 심장 모양을 본뜬 글자로, **마음**을 뜻합니다.

心부수(총 4획)

心 心 心 心

📎 필순에 따라 빈칸에 心을 쓰고, 훈과 음을 쓰세요.

心	心	心	心	心	心	心
마음 심	마음 심	마음 심	마음 심	마음 심	마음 심	마음 심

📎 빈칸에 漢字(한자)의 음을 쓰고, 心이 쓰인 낱말을 읽어 보세요.

· 中心(☐ ☐) : 사물의 한가운데.   (中 : 가운데 중)

· 人心(☐ ☐) : 사람의 마음.   (人 : 사람 인)

88

歌

훈 **노래** 음 **가**

哥 + 欠 = 歌

노래 가   하품 흠

입을 벌리고(欠) 소리 내어 노래(哥)를 부른다는 데서 **노래하다**를 뜻합니다.

欠부수(총 14획) 歌 歌 歌 歌 歌 歌 歌 歌 歌 歌 歌 歌 歌 歌

📝 필순에 따라 빈칸에 歌를 쓰고, 훈과 음을 쓰세요.

歌	歌	歌	歌	歌	歌	歌
노래 가	노래 가	노래 가	노래 가	노래 가	노래 가	노래 가

📝 빈칸에 漢字(한자)의 음을 쓰고, 歌가 쓰인 낱말을 읽어 보세요.

· 歌手(□□) : 노래 부르는 것이 직업인 사람.   (手 : 손 수)

· 國歌(□□) : 나라를 대표·상징하는 노래.   (國 : 나라 국)

🖊 흐린 한자를 필순에 맞게 쓰고, 빈칸에 훈(뜻)과 음(소리)을 쓰세요.

1 市場은 언제나 활기차고 재미있는 곳입니다.

훈 [　　　] 음 [　　　]

2 邑內에 나가면 신기한 것들이 많이 있습니다.

훈 [　　　] 음 [　　　]

3 사촌 언니는 몸이 좋지 않아서 休學을 했습니다.

훈 [　　　] 음 [　　　]

4 전학을 간 친구가 보고 싶어서 친구에게 便紙를 썼습니다.

훈 [　　　] 음 [　　　]

5 체육 活動 시간에 줄넘기를 했습니다.

훈 [　　　] 음 [　　　]

90

6 새로운 을 개발했습니다.

훈 [   ]   음 [   ]

7 으로 삶은 고구마를 먹었습니다.

훈 [   ]   음 [   ]

8 그는 便安하고 깊은 잠에 빠져들었습니다.

훈 [   ]   음 [   ]

9 우리 동네는 人心이 좋은 곳으로 유명합니다.

훈 [   ]   음 [   ]

10 진영이의 꿈은 歌手가 되는 것입니다.

훈 [   ]   음 [   ]

1 다음 밑줄 친 漢字語(한자어)의 音(음 : 소리)을 쓰세요.

보기

漢字 ➡ 한자

(1) 工場의 생산 시설이 자동화되었습니다.   (   )

(2) 動物의 왕은 사자입니다.   (   )

(3) 校歌를 합창하고 있습니다.   (   )

(4) 여기는 人心이 후한 고장입니다.   (   )

(5) 다리를 다쳐 活動하기 어렵습니다.   (   )

(6) 어머니께 便紙를 부쳤습니다.   (   )

(7) 邑內에 5일장이 섰습니다.   (   )

(8) 韓紙는 닥나무를 원료로 하여 만들어집니다.   (   )

(9) 즐거운 食事 시간입니다.   (   )

(10) 休日에 가족과 함께 공원에 갔습니다.   (   )

2 다음 漢字(한자)의 訓(훈 : 뜻)과 音(음 : 소리)을 쓰세요.

> **보기**
>
> 字 ➡ 글자 자

(1) 活 (   )   (2) 食 (   )

(3) 場 (   )   (4) 休 (   )

(5) 歌 (   )   (6) 心 (   )

(7) 紙 (   )   (8) 邑 (   )

(9) 便 (   )   (10) 動 (   )

3 다음 밑줄 친 단어의 漢字語(한자어)를 **보기**에서 골라 그 번호를 쓰세요.

> **보기**
>
> ① 休學   ② 國歌   ③ 出動   ④ 食後

(1) 각 나라의 국가가 연주되었습니다.   (   )

(2) 형은 군대를 가기 위해 휴학했습니다.   (   )

(3) 아버지는 식후에 꼭 커피를 드십니다.   (   )

(4) 경찰이 신속하게 현장으로 출동했습니다.   (   )

4 다음 訓(훈 : 뜻)과 音(음 : 소리)에 맞는 漢字(한자)를 보기 에서 골라 그 번호를 쓰세요.

보기

① 活 　② 心 　③ 動 　④ 紙 　⑤ 食
⑥ 邑 　⑦ 便 　⑧ 場 　⑨ 休 　⑩ 歌

(1) 종이 지 　(　　　) 　　(2) 고을 읍 　(　　　)

(3) 밥/먹을 식 　(　　　) 　(4) 살 활 　(　　　)

(5) 마당 장 　(　　　) 　　(6) 마음 심 　(　　　)

(7) 쉴 휴 　(　　　) 　　(8) 노래 가 　(　　　)

(9) 움직일 동 　(　　　) 　(10) 편할 편/똥오줌 변

(　　　)

5 다음 밑줄 친 구절의 뜻에 가장 가까운 漢字語(한자어)를 보기 에서 골라 그 번호를 쓰세요.

보기

① 外食 　　② 校歌 　　③ 白紙 　　④ 出家

(1) 하얀 종이 위에 그림을 그렸습니다. 　　　　　　(　　　)

(2) 주말이라 모처럼 식구가 밖에서 식사하기로 했습니다.

(　　　)

6 다음 漢字(한자)의 상대 또는 반대되는 漢字(한자)를 **보기** 에서 골라 그 번호를 쓰세요.

보기

①金   ②月   ③木   ④火

(1) 日 ↔ (   )   (2) 水 ↔ (   )

7 다음 漢字語(한자어)의 뜻을 쓰세요.

(1) 食事   (   )

(2) 中心   (   )

8 다음 漢字(한자)의 진하게 표시한 획은 몇 번째 쓰는지 **보기** 에서 찾아 그 번호를 쓰세요.

보기

① 첫 번째   ② 두 번째   ③ 세 번째   ④ 네 번째
⑤ 다섯 번째   ⑥ 여섯 번째   ⑦ 일곱 번째   ⑧ 여덟 번째
⑨ 아홉 번째   ⑩ 열 번째

(1) 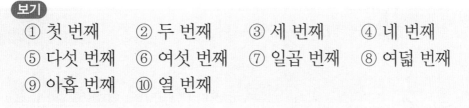 邑 (   )   (2) 便 (   )

1 과정 한자 복습

월   일   확인

이름

✏️ 흐린 한자를 필순에 맞게 쓰고, 빈칸에 훈(뜻)과 음(소리)을 쓰세요.

1 水面에 얼굴을 비추었습니다. 훈 [　] 음 [　]

2 우리 食口는 화목합니다. 훈 [　] 음 [　]

3 木手가 집을 짓고 있습니다. 훈 [　] 음 [　]

4 농촌에 일손이 많이 不足합니다. 훈 [　] 음 [　]

5 그는 力道 선수입니다. 훈 [　] 음 [　]

6 소방관이 生命의 위험을 무릅쓰고 인명을 구조했습니다.

훈 [　] 음 [　]

7 老人을 공경해야 합니다. 훈 [　] 음 [　]

8 그 少女는 맑고 순수합니다. 훈 [　] 음 [　]

9 男女노소 할 것 없이 모두 하나가 되어 응원했습니다.

훈 [　] 음 [　]

10 아버지와 나는 父子간입니다. 훈 [　] 음 [　]

모양이 비슷한 한자
모양은 비슷하지만 서로 다른 훈음을
지닌 한자입니다.

유의어
뜻이 비슷한 한자입니다.

음이 둘 이상인 한자
하나의 한자가 여러 개의 훈음을 지니고 있는
한자입니다.

두음 법칙의 적용을
받는 한자
한자의 음이 한자어의 맨 앞에 올 때
다른 소리로 발음되는 한자입니다.

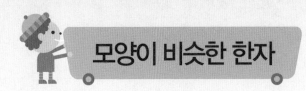
월   일   확인

이름

✏️ 다음 모양이 비슷한 한자를 읽고, 흐린 한자를 따라 쓰세요.

工	장인 공	工부수-총 3획	工	工	工
江	강 강	水부수-총 6획	江	江	江
空	빌 공	穴부수-총 8획	空	空	空

母	어미 모	母부수-총 5획	母	母	母
每	매양 매	母부수-총 7획	每	每	每
海	바다 해	水부수-총 10획	海	海	海

門	문 문	門부수-총 8획	門	門	門
問	물을 문	口부수-총 11획	問	問	問
間	사이 간	門부수-총 12획	間	間	間

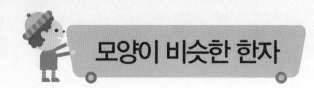

모양이 비슷한 한자

월   일

이름

확인

🖊 다음 모양이 비슷한 한자를 읽고, 흐린 한자를 따라 쓰세요.

白	흰 백	白부수-총 5획	白	白	白
百	일백 백	白부수-총 6획	百	百	百
自	스스로 자	自부수-총 6획	自	自	自

王	임금 왕	玉부수-총 4획	王	王	王
主	주인/임금 주	ㆍ부수-총 5획	主	主	主
住	살 주	人부수-총 7획	住	住	住

人	사람 인	人부수-총 2획	人	人	人
八	여덟 팔	八부수-총 2획	八	八	八
入	들 입	入부수-총 2획	入	入	入

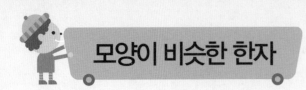

모양이 비슷한 한자

월   일   확인

이름

🖊 다음 모양이 비슷한 한자를 읽고, 흐린 한자를 따라 쓰세요.

車	수레 거/차	車부수-총 7획	車	車	車
軍	군사 군	車부수-총 9획	軍	軍	軍
老	늙을 로	老부수-총 6획	老	老	老
孝	효도 효	子부수-총 7획	孝	孝	孝
同	한가지 동	口부수-총 6획	同	同	同
洞	골 동/밝을 통	水부수-총 9획	洞	洞	洞
小	작을 소	小부수-총 3획	小	小	小
少	적을 소	小부수-총 4획	少	少	少
全	온전 전	入부수-총 6획	全	全	全
金	쇠 금/성 김	金부수-총 8획	金	金	金

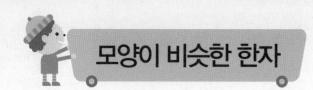

모양이 비슷한 한자

월   일   확인

이름

다음 모양이 비슷한 한자를 읽고, 흐린 한자를 따라 쓰세요.

| 重 | 무거울 중 | 里부수-총 9획 | 重 | 重 | 重 |
| 動 | 움직일 동 | 力부수-총 11획 | 動 | 動 | 動 |

| 直 | 곧을 직 | 目부수-총 8획 | 直 | 直 | 直 |
| 植 | 심을 식 | 木부수-총 12획 | 植 | 植 | 植 |

| 天 | 하늘 천 | 大부수-총 4획 | 天 | 天 | 天 |
| 夫 | 지아비 부 | 大부수-총 4획 | 夫 | 夫 | 夫 |

| 寸 | 마디 촌 | 寸부수-총 3획 | 寸 | 寸 | 寸 |
| 村 | 마을 촌 | 木부수-총 7획 | 村 | 村 | 村 |

유의어

월　　　일　　확인

이름

다음 뜻이 비슷한 한자를 읽고, 흐린 한자를 따라 쓰세요.

洞	골 동/밝을 통	水부수-총 9획	洞	洞	洞
里	마을 리	里부수-총 7획	里	里	里
算	셈 산	竹부수-총 14획	算	算	算
數	셈 수	攵부수-총 15획	數	數	數
正	바를 정	止부수-총 5획	正	正	正
直	곧을 직	目부수-총 8획	直	直	直
村	마을 촌	木부수-총 7획	村	村	村
里	마을 리	里부수-총 7획	里	里	里
土	흙 토	土부수-총 3획	土	土	土
地	땅 지	土부수-총 6획	地	地	地

음이 둘 이상인 한자

📀 다음 음이 둘 이상인 한자를 알아보고, 흐린 한자를 따라 쓰세요.

| 車 | 수레 거 | 人力車(인력거) | 人力車 |
| | 수레 차 | 自動車(자동차) | 自動車 |

※ 車가 사람의 힘으로 움직이면 '거', 동력의 힘으로 움직이면 '차'로 읽습니다.

| 金 | 쇠 금 | 萬金(만금) | 萬金 |
| | 성 김 | 金九(김구) | 金九 |

※ 金이 '쇠'의 뜻일 때는 '금'으로, '성'의 뜻일 때는 '김'으로 읽습니다.

| 北 | 북녘 북 | 南北(남북) | 南北 |
| | 달아날 배 | 敗北(패배) | 敗北 |

※ 北이 '북녘'의 뜻일 때는 '북'으로, '달아나다'의 뜻일 때는 '배'로 읽습니다.

| 不 | 아닐 불 | 不安(불안) | 不安 |
| | 아닐 부 | 不動(부동) | 不動 |

※ 不 다음에 오는 글자의 첫머리가 'ㄷ' 또는 'ㅈ'이면 '부'라고 읽습니다.

| 便 | 편할 편 | 便紙(편지) | 便紙 |
| | 똥오줌 변 | 便所(변소) | 便所 |

※ 便이 '편하다'는 뜻일 때는 '편'으로, '똥오줌'의 뜻일 때는 '변'으로 읽습니다.

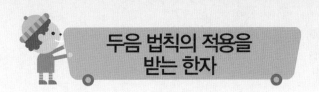

✏️ 다음 빈칸에 한자의 알맞은 음을 쓰세요.

女	계집 녀	男女(남 [ ])	女子([ ]자)

※女가 한자어의 맨 앞에 올 때는 '여'로 읽습니다.

年	해 년	每年(매 [ ])	年金([ ]금)

※年이 한자어의 맨 앞에 올 때는 '연'으로 읽습니다.

來	올 래	外來(외 [ ])	來日([ ]일)

※來가 한자어의 맨 앞에 올 때는 '내'로 읽습니다.

力	힘 력	火力(화 [ ])	力道([ ]도)

※力이 한자어의 맨 앞에 올 때는 '역'으로 읽습니다.

老	늙을 로	村老(촌 [ ])	老人([ ]인)

※老가 한자어의 맨 앞에 올 때는 '노'로 읽습니다.

里	마을 리	千里(천 [ ])	里長([ ]장)

※里가 한자어의 맨 앞에 올 때는 '이'로 읽습니다.

林	수풀 림	山林(산 [ ])	林野([ ]야)

※林이 한자어의 맨 앞에 올 때는 '임'으로 읽습니다.

立	설 립	自立(자 [ ])	立春([ ]춘)

※立이 한자어의 맨 앞에 올 때는 '입'으로 읽습니다.

확인 학습 1 18p~19p

1. 효도, 효 2. 길, 도 3. 집, 가
4. 일, 사 5. 할아비, 조 6. 물을, 문
7. 대답, 답 8. 말씀, 어 9. 글월, 문
10. 한수/한나라, 한

제1회 기출 및 예상 문제 20p~23p

1. (1) 효자 (2) 문학 (3) 한문
   (4) 인사 (5) 도장 (6) 가장
   (7) 답지 (8) 외국어 (9) 문안
   (10) 조상
2. (1) 집 가 (2) 물을 문 (3) 말씀 어
   (4) 일 사 (5) 효도 효 (6) 글월 문
   (7) 한수/한나라 한 (8) 길 도
   (9) 할아비 조 (10) 대답 답
3. (1) ④ (2) ② (3) ① (4) ③
4. (1) ⑨ (2) ① (3) ⑤ (4) ②
   (5) ⑦ (6) ④ (7) ⑩ (8) ⑧
   (9) ③ (10) ⑥
5. (1) ① (2) ②
6. (1) ③ (2) ①
7. (1) 효성스러운 마음. (2) 할아버지.
8. (1) ⑥ (2) ③

①과정 한자 복습 24p

1. 하늘, 천 2. 땅, 지
3. 스스로, 자 4. 그럴, 연 5. 내, 천
6. 강, 강 7. 바다, 해 8. 수풀, 림
9. 꽃, 화 10. 풀, 초

확인 학습 2 36p~37p

1. 글자, 자 2. 장인, 공
3. 지아비, 부 4. 말씀, 화 5. 기를, 육
6. 기록할, 기 7. 오를, 등 8. 일백, 백
9. 일천, 천 10. 셈, 산

제2회 기출 및 예상 문제 38p~41p

1. (1) 기사 (2) 백성 (3) 천년
   (4) 수화 (5) 교육 (6) 공장
   (7) 등교 (8) 정자 (9) 형부
   (10) 산수
2. (1) 기록할 기 (2) 말씀 화 (3) 장인 공
   (4) 기를 육 (5) 오를 등 (6) 셈 산
   (7) 일백 백 (8) 일천 천
   (9) 지아비 부 (10) 글자 자
3. (1) ② (2) ① (3) ④ (4) ③
4. (1) ③ (2) ⑩ (3) ⑥ (4) ④
   (5) ⑨ (6) ① (7) ② (8) ⑤
   (9) ⑧ (10) ⑦
5. (1) ① (2) ②
6. (1) ② (2) ④
7. (1) 학교에 감. (2) 계산하여 냄.
8. (1) ⑥ (2) ⑩

①과정 한자 복습 42p

1. 심을, 식 2. 물건, 물 3. 빛, 색
4. 윗, 상 5. 아래, 하 6. 왼, 좌
7. 오른, 우 8. 앞, 전 9. 뒤, 후
10. 안, 내

확인 학습 3 54p~55p

1. 셈, 수 2. 한가지, 동 3. 편안, 안
4. 온전, 전 5. 빌, 공 6. 기, 기
7. 주인/임금, 주 8. 봄, 춘 9. 여름, 하
10. 가을, 추

제3회 기출 및 예상 문제 56p~59p

1. (1) 동명 (2) 주인 (3) 안전
   (4) 전교 (5) 입하 (6) 수학
   (7) 공군 (8) 청춘 (9) 기수
   (10) 추석
2. (1) 셈 수 (2) 온전 전 (3) 봄 춘

(4) 한가지 동   (5) 가을 추   (6) 여름 하
(7) 편안 안   (8) 기 기   (9) 빌 공
(10) 주인/임금 주
3. (1) ①   (2) ③   (3) ④   (4) ②
4. (1) ⑩   (2) ①   (3) ⑨   (4) ③
   (5) ②   (6) ⑤   (7) ④   (8) ⑥
   (9) ⑦   (10) ⑧
5. (1) ③   (2) ②
6. (1) ④   (2) ①
7. (1) 어떤 것과 비교하여 똑같음.
   (2) 주권이 국민에게 있음.
8. (1) ⑧   (2) ④

①과정 한자 복습 60p

1. 날, 출   2. 들, 입   3. 바를, 정
4. 곧을, 직   5. 모, 방   6. 살, 주
7. 바, 소   8. 성, 성   9. 이름, 명
10. 저자, 시

확인 학습 4 72p~73p

1. 겨울, 동   2. 낮, 오   3. 저녁, 석
4. 매양, 매   5. 때, 시   6. 올, 래
7. 골/밝을, 동/통   8. 마을, 리
9. 농사, 농   10. 마을, 촌

제 4회 기출 및 예상 문제 74p~77p

1. (1) 동장   (2) 농사   (3) 추석
   (4) 매사   (5) 입동   (6) 내년
   (7) 시간   (8) 이장   (9) 오전
   (10) 농촌
2. (1) 때 시   (2) 저녁 석   (3) 농사 농
   (4) 마을 리   (5) 올 래   (6) 매양 매
   (7) 낮 오   (8) 마을 촌
   (9) 골 동/밝을 통   (10) 겨울 동
3. (1) ④   (2) ①   (3) ③   (4) ②
4. (1) ④   (2) ⑥   (3) ⑩   (4) ①
   (5) ⑦   (6) ③   (7) ⑨   (8) ②
   (9) ⑧   (10) ⑤
5. (1) ③   (2) ②
6. (1) ③   (2) ①

7. (1) 시간과 공간.   (2) 마을.
8. (1) ⑥   (2) ⑦

①과정 한자 복습 78p

1. 설, 립   2. 인간, 세   3. 사이, 간
4. 번개, 전   5. 기운, 기
6. 아닐, 불/부   7. 평평할, 평   8. 있을, 유
9. 무거울, 중   10. 수레, 거/차

확인 학습 5 90p~91p

1. 마당, 장   2. 고을, 읍   3. 쉴, 휴
4. 종이, 지   5. 살, 활
6. 움직일, 동   7. 밥/먹을, 식
8. 편할/똥오줌, 편/변   9. 마음, 심
10. 노래, 가

제 5회 기출 및 예상 문제 92p~95p

1. (1) 공장   (2) 동물   (3) 교가
   (4) 인심   (5) 활동   (6) 편지
   (7) 읍내   (8) 한지   (9) 식사
   (10) 휴일
2. (1) 살 활   (2) 밥/먹을 식 (3) 마당 장
   (4) 쉴 휴   (5) 노래 가   (6) 마음 심
   (7) 종이 지   (8) 고을 읍
   (9) 편할 편/똥오줌 변   (10) 움직일 동
3. (1) ②   (2) ①   (3) ④   (4) ③
4. (1) ④   (2) ⑥   (3) ⑤   (4) ①
   (5) ⑧   (6) ②   (7) ⑨   (8) ⑩
   (9) ③   (10) ⑦
5. (1) ③   (2) ①
6. (1) ②   (2) ④
7. (1) 끼니로 음식을 먹음.
   (2) 사물의 한가운데.
8. (1) ⑦   (2) ⑧

①과정 한자 복습 96p

1. 낯, 면   2. 입, 구   3. 손, 수
4. 발, 족   5. 힘, 력   6. 목숨, 명
7. 늙을, 로   8. 적을, 소   9. 사내, 남
10. 아들, 자

모의 한자능력검정시험 해답

제1회

1. 효도 효
2. 집 가
3. 왼 좌
4. 일 사
5. 뒤 후
6. 대답 답
7. 장인 공
8. 서녘 서
9. 기록할 기
10. 바깥 외
11. 편안 안
12. 여덟 팔
13. 온전 전
14. 설 립
15. 기운 기
16. 낮 오
17. 불 화
18. 군사 군
19. 때 시
20. 나무 목
21. 매일
22. 시장
23. 간식
24. 생활
25. 농사
26. 기사
27. 오전
28. 공장
29. 시간
30. 동물
31. 불안
32. 성명
33. 차도
34. 강산
35. 왕국
36. 전화
37. 활동
38. 실내
39. 자력
40. 장남
41. 공군
42. 국민
43. ④
44. ②
45. ⑦
46. ⑨
47. ⑩
48. ③
49. ①
50. ⑧
51. ⑤
52. ⑥
53. ①
54. ②
55. ④
56. ①
57. 이름난 산
58. 올바른 답
59. ⑧
60. ⑥

제2회

1. 초가
2. 입장
3. 정답
4. 자동차
5. 등산
6. 안전
7. 기수
8. 주인
9. 오후
10. 간식
11. 매일
12. 차도
13. 농촌
14. 불안
15. 공장
16. 휴일
17. 효자
18. 휴지
19. 활동
20. 자연
21. 선조
22. 사전
23. 생가
24. 해군
25. 장소
26. 외식
27. 산천
28. 휴학
29. 동물
30. 동리
31. 백방
32. 식후
33. 효도 효
34. 집 가
35. 말씀 어
36. 지아비 부
37. 글월 문
38. 일천 천
39. 봄 춘
40. 올 래
41. 쉴 휴
42. 땅 지
43. 가을 추
44. 노래 가
45. 빛 색
46. 무거울 중
47. 목숨 명
48. 수풀 림
49. 기를 육
50. 긴 장
51. 임금 왕
52. 불 화
53. ④
54. ①
55. ⑤
56. ⑥
57. ①
58. ⑦
59. ③
60. ②
61. ⑧
62. ④

63. ⑨
64. ⑩
65. ③
66. ①
67. 같은 색
68. 할아버지
69. ⑤
70. ⑧

제3회

1. 오를 등
2. 셈 산
3. 셈 수
4. 메 산
5. 기 기
6. 저녁 석
7. 골 동/밝을 통
8. 종이 지
9. 기록할 기
10. 말씀 화
11. 여덟 팔
12. 한가지 동
13. 고을 읍
14. 겨울 동
15. 움직일 동
16. 그럴 연
17. 번개 전
18. 적을 소
19. 학교 교
20. 낮 면
21. 평안
22. 공군
23. 효도

24. 부동
25. 가사
26. 한강
27. 편지
28. 안심
29. 등교
30. 남편
31. 국기
32. 전화
33. 조상
34. 실내
35. 생활
36. 춘추
37. 토지
38. 성명
39. 매년
40. 화력
41. 일기
42. 평면
43. 민생
44. 교실
45. 가문
46. 심산
47. 사물
48. 간식
49. 정답
50. 수학
51. 시간
52. 시장
53. ⑤
54. ⑥
55. ①
56. ⑦
57. ②

58. ⑧
59. ⑨
60. ⑩
61. ③
62. ④
63. ①
64. ③
65. ①
66. ④
67. 올해의 바로 다음 해
68. 마을의 입구
69. ③
70. ⑦